KB149745

손 안에 쏙
고등 영문법

• 홍성균 지음 •

푸른4무

이 책의 특징

***HANDY & COMPLETE* (편리하고도 완전한)** 문법책의 탄생!

고교 내신과 수능에 꼭 필요한 문법 사항만을 단 몇 시간 내에 학습하고, 또 언제든지 편리하게 꺼내어 복습할 수 있도록 휴대성 높은 사이즈에 담았습니다.

또한, 예문에 등장하는 인물들에 가족 구성원이라는 캐릭터를 부여해 보다 흥미롭게 예문을 이해하고 그 속에 담긴 문법 사항을 숙지할 수 있게 만들었습니다.

I hated every minute of training, but I said, "Don't quit. Suffer now and live the rest of your life as a champion."

Muhammad Ali

등장 인물

Kate 엄마(45). 똑똑하고 부지런한 working mom. 식품 회사의 마케팅 팀장으로 근무중. 집안에서의 권력 서열 1위

Bob 아빠(47). 착하고 성실하지만 가끔은 짠해 보이는 hot dog 가게 주인. 대학 시절 밴드에서 기타를 쳤으며 세계적인 guitarist가 되는 게 꿈이었음. 집안 서열 5위

Amy 딸(17). 예쁘고 끼가 넘쳐 인기가 많은 아이돌 지망생. 공부로 상위권이나 중위권을 경험한 적은 없음. 서열 2위

Tom 아들(15). 잘생겼다고 하긴 어렵지만 우수한 성적과 원만한 성격으로 누나 못지않은 인싸임. 서열 3위

Charlie 반려견(4). 집안의 권력 구조를 잘 아는, 생존 본능이 뛰어난 pet dog. 먹부림을 좋아하고 먹부심도 강함. 서열 4위

CONTENTS

약어 및 용어표

약어 / 용어	뜻	약어 / 용어	뜻
S 또는 주	주어	동사 원형	원형 부정사
V 또는 동	동사	동원	동사 원형
O 또는 목	목적어	현분	현재분사
C 또는 보	보어	과분	과거분사
M 또는 수	수식어	IO	간접 목적어
SC 또는 주보	주격 보어	DO	직접 목적어
OC 또는 목보	목적격 보어	단명	단수 명사
N 또는 명	명사	복명	복수 명사
A 또는 형	형용사	단동	단수 동사
Adv 또는 부	부사	복동	복수 동사
조	조동사	불가산	불가산 명사
be V	be 동사	cf	참고
to V	to 부정사	eg	예시

01 문법 기초 용어

● 단어나 구, 절이 문장 내에서 어디에 있는지에 근거해 그 자리에서 쓰일 수 있는 품사가 무엇인지 판단 후 이에 맞게 문장을 해석해야 함. 같은 단어라 하더라도 문장 내에서의 위치에 따라 "단어의 특성[=품사]"과 "문장에서의 역할[=문장 성분]"이 달라짐

● 문장 성분: 문장에서의 역할에 따른 구분으로, 주어(S), 동사(V), 목적어(O), 보어(C), 수식어(M)가 있음. 이 중 S, V, O, C가 문장의 형식을 결정하는 필수 성분

- 주어(S) – ① 동작이나 상태의 주체가 되는 말(~은/는/이/가) / ② 명사, 대명사, 동명사, to V, 의문사구, 명사절 등이 S가 될 수 있음

- 동사(V) – ① 주어의 동작이나 상태를 나타내는 말(~하다/다) / ② 문장 성분을 나타낼 때는 (서)술어가 맞는 표현이지만, 여러 품사 중 동사만 (서)술어로 사용되므로 편의상 동사로 부름 / ③ be 동사(be V), 법조동사(can, will, must 등), 수동태/진행형/의문문/부정문/완료시제를 만들기 위한 be, do, have 조동사도 (서)술어에 포함됨 / ④ 동사에서 파생되어 다른 품사로 사용되는

to 부정사(to V), 원형 부정사(동사 원형), 동명사, 현재분사(현분), 과거분사(과분) 등을 묶어 준동사라고 함

- 목적어(O) – ① 동작이나 상태의 대상이 되는 말(~을/를) / ② 명사, 대명사, 동명사, to V, 의문사구, 명사절 등이 O가 될 수 있음

- 보어(C) – ① 주어나 목적어를 보충 설명하는 말 / ② 명사, 대명사, 동명사, to V, 원형 부정사, 의문사구, 명사절, 형용사, 현분, 과분 등이 C가 될 수 있음

- 수식어(M) – ① 다른 문장 요소들을 꾸며서 문장의 의미를 풍부하게 하는 말 / ② 형용사적 M(~하는/한/할)에는 형용사(구), 현분(구), 과분(구), to V(구), 전명구[= 전치사구], 관계대명사절, 관계부사절 등이 있음 / ③ 부사적 M(해석되는 방식이 매우 다양함)에는 부사(구), to V(구), 전명구, 분사구문, 부사절 등이 있음

● 문장 성분의 배열 순서

- 평서문은 S + V + O 또는 S + V + C 순. M은 문장 내에서의 위치가 비교적 자유로움
- 의문문은 문장 맨 앞에 의문사(who, what, when, how 등)나 be V, 조동사(can, will, do, have 등)가 위치함
- 명령문은 문장의 기능상 항상 "You"가 청자가 되므로 이를 생

략하고 동사 원형(동원)을 문장 맨 앞에 둠. 부정 명령문은 동사 앞에 Don't나 Never를 붙임

• 감탄문은 『How + 형용사/부사 + (명사) + 주어 + 동사』 또는 『What a/an + 형용사 + 명사 + 주어 + 동사』의 형태를 띰. "정말 ~하구나!"로 해석함

● **품사: 단어를 공통된 특성에 따라 분류해 놓은 것. 기능과 형태, 의미가 그 기준이 됨**

• 명사(N) – 사람, 사물, 생물, 장소, 개념 등 모든 것의 이름을 나타내는 말. 문장에서 주어나 목적어, 보어 역할을 함. 명사 외에도 대명사, 동명사(구), to V(구), 접속사 that절, 접속사 whether/if절, who/when/how 등 의문사절, 관계대명사 what절, 복합관계대명사 whatever, whoever, whichever절 등이 명사와 같은 역할을 하며, 이것들을 명사 상당 어구라고 함

• 대명사 – 명사를 대신해서 쓰는 말. 문장에서 주어나 목적어, 보어 역할을 함

• 동사(V) – 주어의 동작이나 상태를 나타내는 말. 문장에서 (서)술어 역할을 함. 조동사도 동사에 포함됨

• 형용사(A) – 명사를 꾸며주어 명사의 상태나 성질을 보다 구

체화해주는 말. 문장에서 보어나 수식어 역할을 함. 형용사 외에도 현재분사, 과거분사, 현재분사구, 과거분사구, to V구, 전명구, 관계대명사절, 관계부사절 등이 형용사와 같은 역할을 하며, 이것들을 형용사 상당 어구라고 함

- 부사(Adv) – 동사, 형용사, 다른 부사 또는 문장 전체를 꾸며주어 내용을 보다 구체화해주는 말. 문장에서 수식어 역할을 함. 부사 외에도 to V(구), 전명구, 분사구문, 부사절 등이 부사와 같은 역할을 하며, 이것들을 부사 상당 어구라고 함

- 접속사 – 단어와 단어, 구와 구, 절과 절을 연결하는 말. 문장 성분에는 포함되지 않음

- 전치사 – 명사나 명사 상당 어구 앞에 놓여 시간, 장소, 방향, 수단, 이유, 목적 등을 자세히 나타내는 말. 문장에서 명사나 명사 상당 어구와 결합해 형용사구, 부사구 등의 수식어 역할을 함

- 감탄사 – 놀람, 기쁨, 슬픔 등의 감정을 나타내는 말. 문장 성분에는 포함되지 않음

← 이상을 8품사라고 함 (한 단어가 여러 품사로 쓰일 수 있음)

● 단어 – **의미를 갖는 가장 작은 단위의 말**

● 구 – 2개 이상의 단어가 모여 하나의 품사(명사, 형용사, 부사, 동사) 역할을 하는 것

● 절 – S + V가 갖춰진 형태로 문장의 일부로 쓰이는 것

- 크게 등위절(and, or, but, so 등 등위접속사로 연결)과 종속절로 나뉨
- 종속절은 다시 ① 명사절(접속사 that, whether, if, 의문사, 관계대명사 what 등이 절을 이끌며, 더 큰 절[=주절] 속에 포함되어 주어나 목적어, 보어 역할을 함), ② 형용사절(what을 제외한 관계대명사와 관계부사가 절을 이끌며, 앞에 위치한 명사를 꾸며주는 역할을 함), ③ 부사절(because, when, if, though 등의 접속사가 이끌며, 형태상 주절과 분리되어 전체 문장의 내용을 보다 구체화(이유, 시간, 조건, 양보 등의 의미 추가)해주는 역할을 함)로 나뉨

● 문장 – 단어가 모여 하나의 완전한 의미를 전달하는 것으로, .(마침표)나 ?, !로 끝남

02 문장의 형식

● S, V, O, C의 유무에 따라 해당 문장이 1~5형식 중 어디에 해당하는지 파악해야 문장 구조에 대한 이해와 해석이 쉬워짐

● 1형식: S + V (+ M)
- 해석: ① S가 V하다. / ② S가 M에/에서/에게/으로 V하다. / ③ S가 M에 있다.
- S와 V 외에 아래 괄호 안과 같은 M도 올 수 있으나, M은 문장 형식에는 영향을 끼치지 않음
- Amy dances (in her room).
- Tom goes (to school at 7:30).
- Charlie was lying (on the couch).
- (There) is a dog named Charlie (in their house).
  ← 부사가 문두로 오면서 『Adv + be V + S』 순으로 도치됨

cf) 헷갈리는 자동사(1형식) vs. 타동사(3형식)

자동사	뜻	타동사	뜻
rise (-rose-risen)	오르다. 상승하다. 일어서다.	raise (-raised-raised)	올리다. 일으키다. 기르다.
lie(-lay-lain)	눕다. 놓여있다.	lay(-laid-laid)	눕히다. 놓다. 두다. 낳다.
cf) lie(-lied-lied) 거짓말하다.			
sit(-sat-sat)	앉다. 놓여있다.	seat (-seated-seated)	앉히다. 놓다.
arise (-arose-arisen)	발생하다. 생기다.	arouse (-aroused-aroused)	깨우다. 불러일으키다.
fall (-fell-fallen)	떨어지다. 넘어지다.	fell(-felled-felled)	넘어뜨리다.

● **2형식: S + V + SC(주격 보어. N 또는 A만 가능. Adv는 안 됨)**

• S를 보충 설명하기 위해 N 또는 A 형태의 SC를 필요로 하는 문장 형식. 이때 S와 SC 사이에는 "S는 SC다."라는 주술 관계가 성립함

• Kate is Amy and Tom's mom. (N)

• Bob, Kate's husband, always looks happy. (A)

- 2형식에 주로 쓰이는 동사들

  ① (상태) 유지V(be, remain, stay, keep, hold, lie)

    ← S는 SC(하)다. 또는, S는 SC하게 유지되다.

  ② (상태) 변화V(become, get, turn, grow, go, come, run, fall)

    ← S는 SC하게 되다.

  ③ 판단V(look, seem, appear, prove, turn out)

    ← S는 SC하게 V하다. 또는, S는 SC한 것으로 V하다.

  ④ 감각V(sound, smell, taste, feel)

    ← S는 SC하게 V하다. 또는, S는 SC한 V가 나다.

● 3형식: S + V + O

- 해석: ① S는 O(하기)를 V하다. / ② S는 O라고/하다고 V하다.
- Charlie put some hot dog in his mouth.
- Bob wants to win lottery someday.
- Kate believes that Amy will be a K-pop star.

cf) 자동사로 착각하기 쉬운 타동사들(타동사이므로 뒤에 to, about, with, in 등 전치사 없이 바로 목적어를 취함): access(~에 접근하다), address(~에게 연설하다), affect(~에 영향을 미치다), answer(~에 대답하다), approach(~에 접근하다), attend(~에 참식하다. (cf) attend on[=to](~를 돌보다) / attend to(~에 주의를 기울이다)), become(~에게 어울리다), consider(~에 대해 고려하다), contact(~에게 연락하다), discuss(~에 대해 논의하다), enter(~에 들어가다), explain(~에 대해 설명하다), influence(~에 영향을 미치다), inhabit(~에 거주하다), join(~에 참여하다), marry(~와 결혼하다), mention(~에 대해 언급하다), notify(~에게 통보하다. (cf) notify to ~도 가능), oppose(~에/에게 반대하다), reach(~에 도착하다), resemble(~와 닮다), suit(~에게 어울리다), survive(~에서 살아남다 / ~보다 오래 살다. (cf) '살아남다'라는 뜻의 자동사로도 사용 가능)

← 초록색은 중 2 필수 암기, 검은색은 고 1 필수 암기

cf) 타동사로 착각하기 쉬운 자동사들: account for(~를 설명하다), complain of/about(~를 불평하다), consent to(~를 승낙하다), deal with(~를 다루다), dissent from(~를 반대하다), experiment on/with(~를 실험하다), graduate from(~를 졸업하다), hope for(~를 바라다), insist on(~를 주장하다), interfere with(~를 방해하다), look at(~를 쳐다보다), look into(~를 조사하다), major in(~를 전공하다), object to(~를 반대하다), proceed with(~를 계속하다), refer to(~를 언급/참고하다), subscribe to(~를 구독하다), sympathize with(~를 동정/공감하다), wait

for(~를 기다리다) ◀ 초록색은 중 2 필수 암기, 검은색은 고 1
필수 암기

cf) O 뒤에 특정한 전치사를 수반하는 3형식 동사들

전치사 종류	동사	의미
V + O + with A	provide, supply, present, endow, furnish, entrust, load, equip	O에게 A를 공급/제공/부여/위임하다
V + O + from A	prevent, prohibit, keep, forbid, stop, ban, deter, block, discourage, hinder, inhibit, avoid, hold back	O가 A하는 것을 막다/금지하다 [=A로부터 O를 막다/금지하다]
V + O + of A ①	deprive, rob, strip, rid, clear, relieve	O에게서 A를 빼앗다/제거하다/덜어주다
V + O + of A ②	inform, notify, remind, assure, convince, persuade, suspect, warn	O에게 A를 ~하다
V + O + to A	owe, attribute, accredit, ascribe	O를 A 덕/탓으로 돌리다

V + O + as A	regard, think of, view, see, look upon, refer to, recognize, count, reckon	O를 A로 여기다 [=consider O (as / to be) A, deem O (to be) A]

● 4형식: S + V + IO(간접 목적어) + DO(직접 목적어)

· 해석: S는 IO에게 DO를 V하다.

· 우리말의 "~에게"에 해당하는 IO와 "~를"에 해당하는 DO를 필요로 하는 문장 형식. 이때 사용되는 동사를 수여동사라고 함

· 4형식과 3형식은 호환 가능

· Bob taught Tom how to play guitar. (4형식)

  ↔ Bob taught how to play guitar to Tom. (3형식. 이때 give, bring, teach, send, show, tell, pass, offer, promise, sell, read, write, wish, lend 등의 수여동사는 전치사 to를 취함)

· Kate bought Amy pretty earrings. (4형식)

  ↔ Kate bought pretty earrings for Amy. (3형식. 이때 Make, Buy, Cook, Find, Choose, Get 등의 수여동사는 전치사 for를 취함

  (암기법: "축구는 역시 MBC FCG(지!)")

· Bob asked Kate a favor. (4형식)

  ↔ Bob asked a favor of Kate (3형식. 이때 ask, inquire 등의 수

여동사는 전치사 of를 취함)

cf) 수여동사로 착각하기 쉬운 3형식 동사들(의미상 수여동사로 착각하기 쉽지만 3형식 동사이므로, 「S + V + O + to O」 또는, 「S + V + to O + that절」 형식으로 써야 함): say, mention, indicate, explain, describe, propose, suggest, recommend, provide, supply, endow, entrust, introduce, announce

● 5형식: S + V + O + OC (목적격 보어. 6종류(N, A, 현분, 과분, to V, 동원) 가능. Adv는 안 됨)
* O를 보충 설명하기 위해 OC를 필요로 하는 문장 형식. 이때 둘 사이에는 "O는 OC다."라는 주술 관계가 성립함
  ① Kate sometimes calls Amy a cutie. (N)
    ← S는 O를 OC라고/로 V하다.
    ← call, name, appoint, elect, make, keep, declare, think, believe, consider(~라고 여기다), deem (등의 동사들이 OC로 N을 취함). 이때 call, make, keep을 제외한 동사들은 OC 앞에 to be를 둘 수 있음
  ② Charlie always makes Bob happy. (A)
    ← S는 O가/를 OC하게/하다고 V하다.

↞ Keep, Find(~하다고 깨닫다), Consider(~하다고 여기다),
Make, Leave, Believe, Think, Turn, Get **(암기법: "KFC**
MLB TTG"), prove, paint

③ Bob heard Amy singing in her room. (현분)

↞ S는 O가 OC하고 있는 것을 V하다.

↞ 지각V(see, watch, observe, look at, hear, listen to, smell,
feel, notice), keep, find, leave

④ Tom had his laptop fixed. (과분)

↞ S는 O가 OC되도록/되기를 V하다. 또는, S는 O가 OC된
것을 V하다.

↞ 5형식의 거의 모든 동사들이 OC로 과분을 취할 수 있음

⑤ Bob wants Tom to be a scientist. (to V)

↞ S는 O가 OC하기를/하는 것을 V하다. 또는, S는 O에게
OC하도록/하라고 V하다.

↞ advise, allow, ask, cause, enable, encourage,
expect, force, order, permit, tell, want, 준사역
V(get, help)

⑥ Kate let Amy finish her homework. (동원)

↞ S는 O가 OC하는 것을 V하다. 또는, S는 O가 OC하도록
V하다.

◀ 지각V, 사역V(make, have, let), help

cf) Tom finds it easy to get an A in English. (가O "it"–진O "to V구") ◀ (진짜) O가 to V구 등의 형태로 길어질 때, 진짜 O를 OC 뒤로 보내고 그 자리에 가짜 O it을 둠. 가O 대신 진O를 넣어서 해석함

예문 해석

- Amy가 자신의 방에서 춤춘다.
- Tom은 7시 30분에 학교에 간다.
- Charlie는 소파 위에 누워 있었다.
- 그들의 집에는 Charlie라고 이름 붙여진 개가 한 마리 있다.
- Kate는 Amy와 Tom의 엄마다.
- Kate의 남편인 Bob은 항상 행복해 보인다.
- Charlie는 약간의 핫도그를 자신의 입안에 넣었다.
- Bob은 언젠가 로또에 당첨되기를 원한다.
- Kate는 Amy가 K팝 스타가 될 거라고 믿는다.
- Bob은 Tom에게 어떻게 기타를 치는지를 가르쳐주었다.
- Kate는 Amy에게 예쁜 귀걸이를 사주었다.

- Bob은 Kate에게 한가지 부탁을 했다.

- Kate는 가끔 Amy를 Cutie(귀여운 소녀)라고 부른다.

- Charlie는 항상 Bob을 행복하게 만든다.

- Bob은 Amy가 자신의 방에서 노래하고 있는 것을 들었다.

- Tom은 자신의 노트북 컴퓨터가 수리되도록 했다.

- Bob은 Tom이 과학자가 되기를 원한다.

- Kate는 Amy가 자신의 과제를 마치도록 했다.

- Tom은 영어 시험에서 A를 받는 것이 쉽다고 생각한다.

03 시제

● 동사가 표현하는 동작이나 상태가 발생했거나 발생하는 시점을 나타내는 것으로, 총 12개의 시제가 있음 (현재, 과거, 미래, 현재진행형, 과거진행형, 미래진행형, 현재완료, 과거완료, 미래완료, 현재완료진행형, 과거완료진행형, 미래완료진행형)

● 진행형: 동사가 표현하는 동작이 진행 중일 때 『be V + V-ing(현재분사)』로 나타냄 (해석: "~하고 있다.")
  • Amy is dancing in her room. (현재진행형)
  • Amy was dancing in her room. (과거진행형)
    cf) 상태(exist, resemble, consist, look, seem, appear), 소유(have, own, possess, belong to), 인식(know, recognize, think, believe, understand, forget, remember), 감정(like, hate, want)을 나타내는 동사들은 진행형으로 쓰지 않음

● 현재완료시제: 과거에 일어난 일이 현재까지 영향을 미칠 때 『have/has p.p.』로 나타냄 (해석: "~했다." 또는, "~해왔다."). 문맥에 따른 의미상 아래 4가지 용법으로 구분됨

- 완료: Charlie has already finished his meal. (자주 already, just, yet 등과 함께)
- 계속: Kate has worked for the company since she graduated from college. (자주 for(~ 동안), since, how long 등과 함께)
- 경험: Tom has never failed to get an A in English exams. (자주 ever, never, before, often, sometimes, once, seldom, ~ times 등과 함께)
- 결과: Bob has lost his wedding ring at a pub last night. (He doesn't have it now.)

◉ **과거완료시제: 과거의 특정 시점 이전에 일어난 일이 과거의 특정 시점까지 영향을 미칠 때 『had p.p.』로 나타냄** (해석: "~했다.")
- Bob arrived at Amy's music contest, but her performance had already finished. ◀ 도착한 시점보다 공연이 끝난 시점이 먼저이므로 시간의 선후 관계를 과거완료시제로 나타냄

◉ **미래완료시제: 과거, 현재 또는 미래의 특정 시점 이전에 일어난 일이 미래의 특정 시점까지 영향을 미칠 때 『will have p.p.』로 나**

타냄 (해석: "(미래의 특정 시점까지는) ~할 것이다. / ~해 있을 것이다.")

● **현재완료진행형**: 과거 특정 시점부터 현재까지 이어지는 동작의 지속을 표현할 때 『have/has been V-ing』로 나타냄 (해석: "(계속) ~해오고 있다.")

예문 해석

■ Amy는 자신의 방에서 춤 추고 있다.

■ Amy는 자신의 방에서 춤 추고 있었다.

■ Charlie는 이미 자신의 식사를 끝냈다.

■ Kate는 대학을 졸업한 이후로 죽 그 회사에서 일해왔다.

■ Tom은 영어 시험에서 A를 받는 것에 실패한 적이 결코 없었다.

■ Bob은 어젯밤 술집에서 자신의 결혼 반지를 잃어버렸다.

(그는 지금 그것을 가지고 있지 않다.)

■ Bob이 Amy의 음악 경연 대회에 도착했지만, 그녀의 공연은 이미 끝났다.

04 조동사

● 동사를 도와 동사만으로는 표현할 수 없는 특정한 의미를 보태 주는 말 (eg. teach(가르치다) ➔ can teach(가르칠 수 있다) / will teach(가르칠 것이다) / must teach(가르쳐야 한다)). 품사 분류상으로는 동사에 포함됨

● 조동사 뒤에는 항상 동사 원형이 오며, 두 개의 조동사는 붙여서 쓸 수 없음

● can: ① ~할 수 있다. (능력 [=be able to] or 가능성) / ② ~해도 된다. (허락) / ③ ~해 주시겠어요? (요청)
cf) can't be: ~일 리가 없다. (부정적 확신)

● could: ① can의 과거형 / ② can(~해 주시겠어요?)보다 정중한 표현

● may: ① ~해도 된다. (허락) / ② ~일/할지도 모른다. (추측) / ③ ~하소서! (기원)

● might: ① may의 과거형 / ② may보다 불확실한 추측

● will: ① ~일/할 것이다. (예측/예정 [=be going to] or 말하는 시점에 결심한 일) / ② ~해 주시겠어요? (요청)

● would: ① will의 과거형 / ② will(~해 주시겠어요?)보다 정중한 표현 / ③ ~일/할 것이다. (추측) / ④ (과거에) ~하곤 했다.

● shall: (제가/우리가) ~할까요? (제안)

● should[=ought to]: ① ~해야 한다. (충고) / ② ~일/할 것이다. (추측)

● must: ① ~해야 한다. (의무 [=have to]) / ② ~임이 틀림없다. (강한 추측)

● must not: ~하면 안 된다.

● don't have to: ~할 필요가 없다.

● cannot have p.p.: ~했/였을 리가 없다.

● could have p.p.: ① ~할 수 있었을 텐데. (못했다) / ② ~했/였을 수도 있다. (추측)

● may[=might] have p.p.: ~했/였을지도 모른다.

● must have p.p.: ~했/였음이 틀림없다.

● should[=ought to] have p.p.: ~했/였어야 했는데. (못했다)

● would have p.p.: ~했을 텐데. (못했다) / ~했/였을 것이다. (추측)

● had better + 동원: ~하는 것이 좋겠다.

● would rather + 동원: ~하는 것이 더 낫다.

● would rather A than B: B하느니 차라리 A하겠다.

● **Would you mind V-ing?: ~하는 것을 꺼리십니까? [=~해 주시겠습니까?]**

● **used to + 동원: ① (과거에) ~하곤 했다 / ② (과거에) ~였다**
  - Bob used to[=would] play the guitar in pubs in college. (과거의 반복된 행동)
  - Bob used to[≠would] be a pretty good guitarist in college. (과거의 지속적 상태)

● **be used to V-ing: ~하는 것에 익숙하다.**

● **cannot help V-ing [=cannot (help) but + 동원, have no choice but to V]: ~하지 않을 수 없다.**

● **may[=might] as well + 동원: ~하는 게 낫다.**

● **may[=might] as well A as B: B하느니 차라리 A하는 게 낫다.**

● **may[=might] well + 동원: ① ~하는 것도 당연하다. / ② 아마 ~일 것이다.**

● 「S + V + that S' + (should) + 동사 원형」: 주장(insist), 요구 (ask, demand, request), 명령(order, command), 제안(advise, propose, recommend, suggest) 등을 나타내는 동사 뒤의 that절 이 "~해야 한다"라는 내용일 때 that절에 should를 쓰지만 이 는 주로 생략됨. 그렇더라도 that절의 동사는 여전히 원형을 써 야 함. 주요명제 동사들의 명사형(demand, request, order, advice, recommendation, suggestion 등) 뒤의 that절에서도 마찬가지임

← 암기법: "주요명제"

(단, 위 동사들이 "~해야 한다"가 아닌 다른 뜻(eg. insist(~했다고 주장하다), suggest(~라고 암시하다))과 함께 쓰일 때는 that절의 동사를 주어의 수와 시 제에 맞춰 써야 함)

- Bob suggested that Tom (should) spend less time in studying.

예문 해석

- Bob은 대학 시절에 술집에서 기타를 연주하곤 했다.
- Bob은 대학 시절에 꽤 훌륭한 기타리스트였다.
- Bob은 Tom이 공부하는 데 더 적은 시간을 써야 한다고 제안했다.

05 수동태

● 동작이나 상태의 대상이 되는 목적어를 주체가 되는 주어로 바꾸
어 표현하는 문장 형태 (A가 B를 C하다. ➔ B가 A에 의해 C되다/C해지
다.). 능동태 문장의 목적어를 수동태 문장의 주어로 만드는 것이
므로, 목적어를 취할 수 있는 타동사만 수동태로 사용 가능 (단,
「자동사 + 부사/전치사」는 수동태로 전환 가능)

· Kate doesn't usually cook meals. (3형식 ①)

   ➔ Meals are not usually cooked by Kate.

· People say that Bob is honest. (3형식 ②)※

   ➔ It is said that Bob is honest.

   ➔ Bob is said to be honest.

   ※ O가 명사절인 3형식 문장의 경우, 위와 같이 2가지 형태의
      수동태로 전환 가능

· Bob gave Tom an old guitar. (4형식 ①)※

   ➔ Tom was given an old guitar by Bob.

   ➔ An old guitar was given to Tom by Bob.

※ 일반적인 수여동사들은 수동태로 전환시, IO와 DO 모두 주어로 바꿀 수 있고, 전치사 to를 취함

· Bob bought Tom an old guitar. (4형식 ②)

➔ Tom was bought an old guitar by Bob. (X)

➔ An old guitar was bought for Tom by Bob.

※ 수여동사 Make, Buy, Cook, Find, Choose, Get, Bring, Send, Read, Write, Sell 등은 수동태로 전환시, IO는 주어로 바꿀 수 없고 DO만 바꿀 수 있음

※ 수여동사 Make, Buy, Cook, Find, Choose, Get 등은 수동태로 전환시, 전치사 for를 취함

· The family calls the dog Charlie. (5형식 ① – 명사 OC를 수동태 동사 바로 뒤에 둠)

➔ The dog is called Charlie by the family.

· Kate asked Bob to sleep on the couch. (5형식 ② – to V OC를 수동태 동사 바로 뒤에 둠)

➔ Bob was asked to sleep on the couch by Kate.

- Kate saw Bob eat a hot dog on the couch. (5형식 ③ – 원형 부정사[=동원] OC를 to V로 바꾸고 수동태 동사 바로 뒤에 둠)

  ➔ Bob was seen to eat a hot dog on the couch by Kate.

● **진행형 수동태는** 「be being p.p.("~되고 있다.")」, **완료형 수동태는** 「have been p.p.("~되었다.")」, **조동사가 있는 수동태는** 「조동사 + be p.p.(조동사의 종류에 따라 다양하게 해석됨)」, **to V의 수동태는** 「to be p.p.(to V의 문장에서의 역할에 따라 다양하게 해석됨)」, **동명사의 수동태는** 「being p.p.("~되는 것")」**로 나타냄**

● **수동태로 쓰지 않는 타동사들:** resemble(~를 닮다), have(~를 가지고 있다), lack(~가 부족하다), fit(~에 맞다), suit(~에 어울리다), become(~에 어울리다)

● **수동태처럼 해석되는 자동사들:** consist(~로 구성되다), sell(팔리다), read(읽히다), play(상영/상연/연주되다), peel((껍질이) 벗겨지다), open(열리다), close(닫히다), lock(잠기다), cut(베어지다), tear(찢어지다)

cf) by 이외의 전치사를 쓰는 수동태: be amazed at(~에 놀라다), be based on(~에 기초하다), be composed of(~로 구성되다), be covered with/in(~로 덮여 있다), be crowded with(~로 붐비다), be delighted at/with(~에 기뻐하다), be disappointed with/at/in(~에 실망하다), be equipped with(~를 갖추고 있다), be excited about/at(~에 흥분되다), be fed up with(~에 질리다), be filled with(~로 채워지다), be interested in(~에 흥미를 갖다), be known as(~로서 알려지다), be known for(~ 때문에 알려지다), be known to(~에게 알려지다), be made from(~로 만들어지다(원 재료의 성질이 변했음)), be made of(~로 만들어지다(원 재료의 성질이 변하지 않았음)), be made up of(~로 구성되다), be married to(~와 결혼하다), be pleased with(~에 기뻐하다), be related to(~와 관련이 있다), be satisfied with(~에 만족하다), be scared of(~를 두려워하다), be supposed to(~하기로 되어 있다/~해야만 하다), be surprised at(~에 놀라다), be surrounded with(~에 둘러싸이다), be tired of(~에 싫증나다), be used to(~에 익숙하다), be worried about(~에 대해 걱정하다) ← 모두 중 2 필수 암기

예문 해석

- Kate는 보통 음식을 요리하지 않는다.

- 음식은 보통 Kate에 의해 요리되지 않는다.

- 사람들은 Bob이 정직하다고 말한다.

- Bob은 정직하다고 말해진다.

- Bob은 정직하다고 말해진다.

- Bob은 Tom에게 오래된 기타를 주었다.

- Tom은 Bob에 의해 오래된 기타가 주어졌다.

- 오래된 기타가 Bob에 의해 Tom에게 주어졌다.

- Bob은 Tom에게 오래된 기타를 사주었다.

- Tom은 Bob에 의해 오래된 기타가 사주어졌다. (X)

- 오래된 기타가 Bob에 의해 Tom에게 사주어졌다.

- 그 가족은 그 개를 Charlie라고 부른다.

- 그 개는 그 가족에 의해 Charlie라고 불린다.

- Kate는 Bob에게 소파에서 자라고 요청했다.

- Bob은 Kate에 의해 소파에서 자라고 요청되었다.

- Kate는 Bob이 소파에서 핫도그를 먹는 것을 보았다.

- Bob은 Kate에 의해 소파에서 핫도그를 먹는 것이 보여졌다.

06 to 부정사

● 동사에서 파생되어 다른 품사로 사용되는 준동사의 일종으로, 『to
+ 동사 원형(to V)』이 기본 형태. 명사, 형용사, 부사로 사용됨. "부
정사"는 품사가 정해져 있지 않은 말이라는 뜻

● 동사의 성질도 아직 남아있어 바로 뒤에 목적어를 취할 수 있고,
시제(단순형(to V) 또는 완료형(to have p.p.)), 부정형(not to V), 의미
상 주어(for 또는 of + 목적격 (대)명사 + to V), 수동태(to be p.p. 또는 to
have been p.p.) 등도 표현 가능

● 명사적 용법: 『~하는 것』 또는 『~하기』로 해석되며, 명사와 마찬
가지로 문장에서 주어, 목적어 또는 보어 역할을 함

  · To sing in public is fun for Amy. (S)

  ➔ It is fun to sing in public for Amy. (가S "it" 진S "to V구")

  ◄ (진짜) S가 to V구, that절 등의 형태로 길어질 때, 진짜 S를
     SC 뒤로 보내고 그 자리에 가짜 S it을 둠. 가S 대신 진S를
     넣어서 해석함

  · Amy loves to sing in public. (O)

- What Amy loves to do is to sing in public. (SC)

- Bob expects Amy to sing on TV soon. (OC)

- Tom often finds it difficult to stop Charlie from eating anything. (가O "it" 진O "to V구")

● 형용사적 용법: 형용사와 마찬가지로 (대)명사를 뒤에서 수식하는 수식[=한정] 용법(「~할/하기 위한 N(명사)」으로 해석됨)과 보어가 되어 주어를 보충 설명하는 서술 용법이 있음

- Amy has a lot of songs to sing from memory. (N 수식)

- Charlie almost always seems to be happy. (S 상태 서술)

- Bob's hot dog shop is to be seen from Tom's school. (be to V 구문) (가능)

- Kate was to get married to Bob eventually. (be to V 구문) (운명)

- Tom is to get an A in math to receive an extra allowance. (be to V 구문) (의무)

- Tom is to receive an extra allowance this month. (be to V 구문) (예정)

- If Tom is to receive an extra allowance, he must get an A in math. (be to V 구문) (의도)

← **암기법:** "가운의 예의"

● **부사적 용법: 아래 세부 용법에 따라 다양하게 해석해야 함**

• Amy makes a lot of efforts to dance better.

(목적 – "to V하기 위해")

• Tom grew up to be a straight A student.

(결과 ① – "V해서 그 결과 to V하다.")

• Tom exercised hard only to mess up the music exam.

(결과 ② – "V했지만 결국 to V하다.")

• Kate was happy to hear that her marketing proposal

was accepted. (감정의 원인 – "to V해서 A하다.")

• Kate must be happy to sing unconsciously the whole

evening. (판단의 근거 – "to V하다니 A하다.")

• The speed of Charlie's eating is hard to believe.

(형용사 수식 – "to V하기에 A한")

• You would be surprised to see how fast Charlie ate it.

(조건 – "to V한다면 V할 것이다.")

● **to V의 의미상 주어: to V의 의미상 주어가 문장의 주어 또는 목적
어와 같거나, 막연한 일반인인 경우에는 의미상 주어를 쓰지 않지**

만, 그 외의 경우에는 아래와 같이 씀

- It was easy for Tom to get an A in English. (일반적으로는 『for + (대)명사의 목적격』을 to V 앞에 씀)

- It was careless of Tom to boast of his English grade in front of Amy. (careless, kind, foolish 등 사람의 **성격, 태도에 대한 평가**를 나타내는 형용사 뒤에서는 『of + (대)명사의 목적격』을 to V 앞에 씀)

● **to V의 시제: to V가 나타내는 때가 문장의 동사 시제보다 앞설 경우에는 완료형**(to have p.p.)**을 써야 함**

- Surprisingly, Charlie seems to have no appetite. (단순형)

- Surprisingly, Charlie pretended not to have eaten anything yet. (완료형)

● **『의문사 + to V』구문**

- what to do(무엇을 할지), where to go(어디로 갈지) 등으로 해석함

- 『의문사 + to V』는 『의문사 + S + should + 동원』으로 바꿀 수 있음 (eg. what to do = what + S + should do)

● **to V의 관용적 표현**

- not to mention: ~는 말할 것도 없고,
- to begin with: 우선
- to be sure: 확실히
- to make a long story short: 요약하자면,
- to make matters worse: 설상가상으로
- to put it simply: 간단히 말하자면,
- to tell the truth: 사실대로 말하자면,

cf) OC로 쓰이는 원형 부정사[=동사 원형]

- 5형식 문장에서 동사가 지각V나 사역V일 경우, OC는 원형 부정사를 씀 (과거분사나 현재분사를 OC로 써야 할 경우도 있음)
- Kate heard Charlie talk while he was sleeping. (지각V)
- Kate let Tom finish his homework. (사역V)

예문 해석

- 대중 앞에서 노래 부르는 것이 Amy에게는 즐겁다.
- 대중 앞에서 노래 부르는 것이 Amy에게는 즐겁다.
- Amy는 대중 앞에서 노래 부르는 것을 좋아한다.

- Amy가 하기를 좋아하는 것은 대중 앞에서 노래 부르는 것이다.

- Bob은 Amy가 곧 TV에서 노래 부르기를 원한다.

- Tom은 Charlie가 무엇이든 먹는 것을 멈추게 하는 것이 어렵다는 것을 자주 깨닫는다.

- Amy는 기억에 의지해서[=가사를 외워서] 부를 많은 노래들이 있다.

- Charlie는 거의 항상 행복해 보인다.

- Bob의 핫도그 가게는 Tom의 학교에서 보인다.

- Kate는 결국 Bob과 결혼할 운명이었다.

- Tom은 추가 용돈을 받기 위해 수학 시험에서 A를 받아야 한다.

- Tom은 이달에 추가 용돈을 받을 예정이다.

- Tom이 추가 용돈을 받으려면 그는 수학 시험에서 A를 받아야 한다.

- Amy는 춤을 더 잘 추기 위해 많은 노력을 한다.

- Tom은 자라서 톱클래스 우등생이 되었다.

- Tom은 열심히 연습했지만 결국 음악 시험을 통과하는 데 실패했다.

- Kate는 자신의 마케팅 제안이 받아들여졌다는 것을 들어서 행복했다.

- 저녁 내내 무의식적으로 노래를 부르다니 Kate는 행복한 게 틀림없다.

- Charlie의 밥 먹는 속도는 믿기 어렵다.

- Charlie가 얼마나 빨리 그것을 먹었는지 보면 너는 놀랄 것이다.

- Tom이 영어 시험에서 A를 받는 것은 쉬웠다.

- Tom이 Amy 앞에서 자신의 영어 성적을 자랑한 것은 부주의했다.

- 놀랍게도 Charlie는 식욕이 없어 보였다.

- 놀랍게도 Charlie는 아직 아무것도 먹지 않은 척했다.

- Kate는 Charlie가 자는 동안에 잠꼬대를 하는 것을 들었다.

- Kate는 Tom에게 그의 숙제를 마치도록 했다.

07 동명사

● 동사에서 파생되어 다른 품사로 사용되는 준동사의 일종으로, 『동사 원형 + ing』가 기본 형태. 명사로만 사용됨

● 동사의 성질도 아직 남아있어 바로 뒤에 목적어를 취할 수 있고, 시제(단순형(V-ing) 또는 완료형(having p.p.)), 부정형(not 또는 never V-ing), 의미상 주어(소유격 또는 목적격 (대)명사 + V-ing), 수동태(being p.p. 또는 having been p.p.) 등도 표현 가능

● 명사적 용법: 동명사는 항상 『~하는 것』 또는 『~하기』로 해석되며, 명사와 마찬가지로 문장에서 주어, 목적어 또는 보어 역할을 함

- Drinking beer after work is Bob's guilty pleasure. (S)
- Bob likes drinking[=to drink] beer as a guilty pleasure.
  (동사의 O)
- Bob looks forward to drinking beer after work.
  (전치사의 O)
- Bob's guilty pleasure is drinking[=to drink] beer after

work. (SC)

● **동명사의 의미상 주어**: 동명사의 의미상 주어가 문장의 주어 또는 목적어와 같거나, 막연한 일반인인 경우에는 의미상 주어를 쓰지 않지만, 그 외의 경우에는 아래와 같이 『(대)명사의 소유격 또는 목적격』을 동명사 앞에 씀

   • Kate was sure of Tom's[=Tom] getting an A in English.
   • Kate was sure of his[=him] getting an A in English.

● **동명사의 시제**: 동명사가 나타내는 때가 문장의 동사 시제보다 앞설 경우에는 완료형(having p.p.)을 써야 함

   • Tom never postpones finishing his assignment however tired he is. (단순형)
   • Kate recalled having heard Charlie's talking while he had been sleeping. (완료형)

● **to V를 O로 취하는 동사**

   • "(미래에) ~할 것을 V하다"의 느낌이 강함
   • (can) afford, agree, arrange, ask, choose, decide, determine, expect, fail, hesitate, hope, intend, learn,

manage, need, offer, plan, prepare, pretend, promise, refuse, tend, wait, want, wish ◀ 초록색은 중 2 필수 암기, 검은색은 고 1 필수 암기

● 동명사를 O로 취하는 동사

- "(과거에) ～한 것을 V하다" 또는 "(지금) ～하는 것을 V하다"의 느낌이 강함
- 암기법: "중고연인"
- discontinue, finish, quit, stop (◀ 중단), consider, recommend, suggest (◀ 고려), delay, postpone, put off (◀ 연기), admit, deny (◀ 시인/부인) + avoid, enjoy, give up, (cannot) help, imagine, keep, mind, practice ◀ 초록색은 중 2 필수 암기, 검은색은 고 1 필수 암기

● 둘 다 O로 취하는 동사

- 암기법: "누구나 시계에 대한 호불호가 있다."
- begin, start (◀ 시작), continue (◀ 계속), like, love, prefer, hate (◀ 호불호)

● 둘 다 취하지만 의미가 달라지는 동사

- remember (V-ing (과거에) ~한 것을 기억하다. / to V (미래에) ~할 것을 기억하다.)

- forget (V-ing (과거에) ~한 것을 잊다. / to V (미래에) ~할 것을 잊다.)

- regret (V-ing (과거에) ~한 것을 후회하다. / to V (미래/현재에) ~하게 되어 유감이다.)

- try (V-ing (시험 삼아) ~해보다. / to V ~하려고 노력하다.)

● 동명사의 관용적 표현

- cannot help V-ing: ~하지 않을 수 없다. [=cannot (help) but + 동원, have no choice but to V]

- feel like V-ing: ~하고 싶다.

- go V-ing: ~하러 가다.

- have trouble[=difficulty] V-ing: ~하는 데 어려움을 겪다.

- It is no use V-ing: ~하는 것은 소용없다.

- It goes without saying that ~: ~는 말할 필요도 없다.

- make a point of V-ing: ~하는 것을 규칙으로 하다.

- On[=Upon] V-ing: ~하자마자

- There is no V-ing: ~하는 것은 불가능하다.

cf) 전치사 to + V-ing

- be devoted[=dedicated, committed] to V-ing: ~하는 것에 전념하다.
- be opposed to V-ing: ~하는 것을 반대하다.
- be used[=accustomed] to V-ing: ~하는 것에 익숙하다.
- contribute to V-ing: ~하는 것에 기여하다.
- look forward to V-ing: ~하는 것을 고대하다.
- object to V-ing: ~하는 것을 반대하다.

예문 해석

- 퇴근 후 맥주를 마시는 것이 Bob의 guilty pleasure(죄책감이 들지만 끊기 어려운 즐거움)다.
- Bob은 guilty pleasure로써 맥주 마시는 것을 좋아한다.
- Bob은 퇴근 후 맥주 마시는 것을 고대한다.
- Bob의 guilty pleasure는 퇴근 후 맥주를 마시는 것이다.
- Kate는 Tom이 영어 시험에서 A를 받을 것을 확신했다.
- Kate는 그가 영어 시험에서 A를 받을 것을 확신했다.
- Tom은 아무리 피곤하더라도 자신의 과제를 마치는 것을 결코 미루지 않는다.
- Kate는 Charlie가 자는 동안에 잠꼬대를 하는 것을 들었던 것을 기억해냈다.

08 분사

● 동사에서 파생되어 다른 품사로 사용되는 준동사의 일종으로, 『동사 원형 + ing』가 기본 형태인 현재분사와 『동사 원형 + ed』가 기본 형태인 과거분사[=p.p.]로 나뉨. 형용사로만 사용됨 (명사 수식 or 보어 역할(주어나 목적어의 동작이나 상태를 보충 설명))

● 현재분사는 능동 진행("~하는", "~하게 하는", "~시키는")의 의미를, 과거분사는 수동("~된", "~해진", "~하게 된", "~시켜진") 또는 완료("~한")의 의미를 지님

● 현재분사 뒤에 목적어 역할을 하는 명사나 명사 상당 어구, 전명구 등이 결합되어 문장에서 부사구처럼 쓰이는 것을 분사구문이라고 함

● 현재분사구, 과거분사구, 분사구문에서의 분사는 동사의 성질도 아직 남아있어 바로 뒤에 목적어를 취할 수 있고, 시제(단순형 (V-ing) 또는 완료형(having p.p.)), 부정형(not 또는 never V-ing), 의미상 주어((대)명사 + V-ing), 수동태(being p.p. 또는 having been p.p.)

등도 표현 가능

● 현재분사

- 명사를 꾸며주는 수식[=한정] 용법과, 주격 보어나 목적격 보어로써 주어나 목적어를 보충 설명하는 서술 용법으로 나뉨. Be V와 함께 쓰여 진행형을 만들기도 함
- Bob is looking at the falling leaves sentimentally. (진행형 / N 수식 – 능동 진행("떨어지는"))
- Bob sat watching TV all day long. (주격 보어)
- Kate kept Bob waiting an hour for eating out. (목적격 보어)

● 과거분사

- 명사를 꾸며주는 수식[=한정] 용법과, 주격 보어나 목적격 보어로써 주어나 목적어를 보충 설명하는 서술 용법으로 나뉨. 조동사 have와 함께 쓰여 완료시제를 만들기도 하고, be V와 함께 쓰여 수동태를 만들기도 함
- The excited Bob screamed watching a baseball game. (N 수식 – 수동("흥분하게 된"))
- Bob is looking at the fallen leaves sentimentally. (N 수식 – 완료("떨어진"))

- Surprisingly, Charlie's meal remained unfinished. (주격 보어)
- Charlie heard his name called by Bob. (목적격 보어)
- Charlie has already finished his dinner. (완료시제)
- Meals are not usually cooked by Kate. (수동태)

● 감정을 나타내는 현재분사 vs 과거분사

- excite, surprise, disappoint, satisfy 등 감정을 나타내는 동사들은 모두 "～하게 하다 / ～시키다"의 뜻을 지님. 따라서 이런 동사들의 현재분사는 "～하게 하는 / ～시키는"이란 뜻을, 과거분사는 "～하게 된 / ～시켜진"(보통, 주어가 사람이나 동물)이란 뜻을 지니게 됨

● 현재분사구

- 현재분사가 목적어((대)명사, 명사절, to V), 보어((대)명사, 형용사, to V) 또는 수식어(부사, 전명구)와 결합한 구로써, 명사를 뒤에서 꾸며줌 (능동의 의미를 지님)
- Amy loves Bob playing the guitar.
- Charlie wanting to have a hot dog licks Bob's cheeks in his arms.

● **과거분사구**

- 과거분사가 수식어(부사, 전명구)와 결합한 구로써, 명사를 뒤에서 꾸며줌 (수동의 의미를 지님)

- Amy knows every song played by Bob.

- Charlie held in Bob's arms licks his cheeks only when he wants a hot dog.

● **분사구문**

- 이유, 시간, 조건, 양보, 부대 상황 등을 나타내는 부사절 접속사가 이끄는 종속절의 접속사와 (주절의 주어와 같을 경우) 주어를 생략해 문장을 간략하게 만든 구

- 종속절의 접속사와 주어를 생략 후 동사를 현재분사 형태로 바꾸어 주고, 동사의 목적어 역할을 하는 명사나 명사 상당 어구, 전명구 등을 그대로 두므로 문장에서 부사구처럼 쓰이게 됨

- 분사구문이 나타내는 뜻을 분명히 하기 위해 접속사를 그대로 남겨두기도 함

- 분사구문의 부정은 분사 바로 앞에 not이나 never를 붙임

- V-ing로 시작되는 분사구문은 대부분 "~하면서, ~해서, ~하면, ~함에도 불구하고"로 해석되고, p.p.로 시작되는 분사구문은 대부분 "~되어서"로 해석됨

cf) 수능형 실전 독해를 위한 빠른 해석 공식 (「100%의 정확성」보다는 「95%의 정확성과 빠른 독해」가 더 중요한 수능형 지문은 아래 공식을 대입해 전체적인 의미만 파악해도 됨)

① V^1-ing ~, S + V^2. (V^1하는 S는 V^2하다.)

② S + V^2, V^1-ing ~. (S는 V^2하고 V^1하다.)

- When Charlie smells barbecue, he barks and wags a lot.

  → Smelling barbecue, Charlie barks and wags a lot.

- When Charlie smells barbecue, it's difficult for Bob to calm him down.

  → Charlie smelling barbecue, it's difficult for Bob to calm him down. (종속절과 주절의 주어가 다른 경우 주어를 남겨두어야 하며, 이를 독립분사구문이라고 함)

- After Bob had drunk a can of beer, he felt better.

  → Having drunk a can of beer, Bob felt better. (주절보다 먼저 일어난 일을 나타내는 완료형 분사구문은 「Having p.p.」로 나타냄)

- As Tom was awarded the first prize in the contest, he was proud of himself.

  → (Being) awarded the first prize in the contest, Tom

was proud of himself. (과거분사, 현재분사, 형용사 또는 명사 앞의 Being이나 Having been은 주로 생략됨)

- After Tom had been awarded the first prize, he received congratulations from Emily whom he had a crush on.

  ➜ (Having been) awarded the first prize, Tom received congratulations from Emily whom he had a crush on. (과거분사, 현재분사, 형용사 또는 명사 앞의 Being이나 Having been은 주로 생략됨)

● with 분사구문

- 「with + 목적어 + 현재분사」 또는 「with + 목적어 + 과거분사」 형태를 띰 (비슷한 용법으로 「with + 목적어 + 형용사」 또는 「with + 목적어 + 부사(구)」도 있음)

- Bob took a walk for an hour with Charlie following him. ("O가 ~하면서 / ~하는 채로")

- Kate was standing silently with her arms crossed when Bob returned home late. ("O가 ~되어서 / ~된 채로")

🔴 분사구문의 관용적 표현 [=비인칭 독립분사구문]

- assuming[=supposing] that ~: ~라고 가정하면,
- considering that ~: ~를 고려한다면,
- frankly speaking: 솔직히 말하자면,
- generally speaking: 일반적으로 말하자면,
- granting[=granted] that ~: 비록 ~하지만,
- judging from: ~로 판단하자면,
- seeing that ~: ~를 보자면, [=~하기 때문에,]
- speaking of ~: ~에 대해 말하자면,
- taking everything into account[=consideration]: 모든 것을 고려하면,

예문 해석

- Bob은 떨어지는 잎들을 감상적으로 바라보고 있다.
- Bob은 하루 종일 TV를 보며 앉아있었다.
- Kate는 외식하러 가기 위해 Bob을 한 시간 동안 기다리게 만들었다.
- 흥분한 Bob은 야구 경기를 보며 소리 질렀다.
- 놀랍게도 Charlie의 밥이 비워지지 않은 채로 남아있었다.
- Charlie는 Bob에 의해 자신의 이름이 불리는 것을 들었다.

- Charlie는 이미 자신의 저녁 식사를 끝냈다.

- 음식은 보통 Kate에 의해 요리되지 않는다.

- Amy는 Bob이 기타 치는 것을 좋아한다.

- 핫도그를 먹기를 원하는 Charlie는 Bob의 팔에 안겨 그의 볼을 핥는다.

- Amy는 Bob에 의해 연주되는 모든 노래를 안다.

- Bob의 팔에 안긴 Charlie는 자신이 핫도그를 원할 때만 그의 볼을 핥는다.

- Charlie가 바비큐 냄새를 맡을 때 그는 많이 짖고 꼬리를 흔든다.

- 바비큐 냄새를 맡은 Charlie는 많이 짖고 꼬리를 흔든다.

- Charlie가 바비큐 냄새를 맡을 때 Bob이 그를 진정시키는 것은 어렵다.

- Charlie가 바비큐 냄새를 맡을 때 Bob이 그를 진정시키는 것은 어렵다.

- Bob은 맥주 한 캔을 마신 후 기분이 좋아졌다.

- 맥주 한 캔을 마신 Bob은 기분이 좋아졌다.

- Tom은 경연 대회에서 1등상을 받았을 때 그 자신을 자랑스러워했다.

- 경연 대회에서 1등상을 받은 Tom은 그 자신을 자랑스러워했다.

- Tom은 1등상을 받은 후 자신이 한눈에 반해 있던 Emily로부터 축하를 받았다.

- 1등상을 받은 Tom은 자신이 한눈에 반해 있던 Emily로부터 축하를 받았다.

- Bob은 Charlie가 자신을 따르는 채로 한 시간 동안 산책을 했다.

- Kate는 Bob이 늦게 집에 돌아왔을 때 팔짱을 낀 채 조용히 서있었다.

09 관계대명사 / 관계부사

● 연관된 내용의 두 문장을 하나로 연결해 내용을 간략히 표현하기
위해 사용되는 단어로, 접속사와 대명사 역할을 동시에 하는 관계
대명사와, 접속사와 부사구 역할을 동시에 하는 관계부사로 구분
됨

● 관계대명사와 관계부사가 이끄는 절을 각각 관계대명사절, 관계
부사절이라고 하는데, 두 절 자체는 모두 앞에 위치한 명사(선행사)
를 뒤에서 꾸며주는 형용사 역할을 함 (단, 계속적 용법의 경우 앞의 내
용을 부연 설명하는 역할을 함)

● 관계대명사가 이끄는 절은 (반드시 필요한) 주어나 목적어, 소유격
등이 빠져있는 불완전한 문장인 반면, 관계부사가 이끄는 절은 필
요한 문장 성분이 모두 갖춰진 완전한 문장임

● 관계대명사
　• 연관된 내용의 두 문장을 한 문장으로 축약할 때, 두 문장을 하
　　나로 연결하는 접속사 역할과 앞 문장의 명사(선행사)와 동일한

뒷 문장의 명사를 바꾸어 표현하기 위한 대명사 **역할을 동시에 하는 단어**

- **주격(관계사절 안에서 주어 역할을 하며, 선행사가 사람):** ① Bob has a wife who[=that] loves him. / ② The girl who[=that] is performing on the stage is Amy.

- **주격(관계사절 안에서 주어 역할을 하며, 선행사가 사물 or 생물):** Bob runs a restaurant which[=that] sells hot dogs.

- **목적격(관계사절 안에서 목적어 역할을 하며, 선행사가 사람):** Bob has a wife whom[=who, that] he loves.

- **목적격(관계사절 안에서 목적어 역할을 하며, 선행사가 사물 or 생물):** ① Bob is washing Charlie which[=that] he likes a lot. / ② The dog which[=that] Bob runs with is Charlie.

- **소유격(선행사가 관계사절 안의 주어를 소유함을 나타냄):** Bob runs a restaurant whose[=of which the] main menus are hot dogs.

  = Bob runs a restaurant the main menus of which are hot dogs.

- **that:** 소유격, 전치사 + 관계대명사, 계속적 용법을 제외한 경우에 모든 관계대명사 대신 쓸 수 있음

- **what:** 선행사를 포함하는 관계대명사로, "~하는 것(the

thing(s) which[=that])"의 의미

• This song is what Amy likes the most.

• What Charlie hates is to be left alone.

• 『전치사 + 관계대명사』: Bob runs a restaurant (which) he usually works at for 10 hours a day.

= Bob runs a restaurant at which[=where] he usually works for 10 hours a day.

※ 『who/whom/which/that ～ 전치사』 또는 『전치사 + whom/which』 형태로 사용 가능 (단, 『전치사 + who/that』은 안 됨)

• **계속적 용법:** Kate is a promising career woman, which [=and it] makes Bob proud. (① 관계대명사 앞에 ,(콤마)가 있음 / ② 관계대명사를 생략하지 않음 / ③ that은 쓸 수 없음 / ④ "그리고 그것은", "그런데 그것은" 등과 같이 주절과 관계대명사절을 이어주는 식으로 해석함)

• **관계대명사의 생략**

– 목적격 관계대명사: Bob has a wife (whom[=who, that]) he loves.

– 『주격 관계대명사 + be V』: The dog (which[=that] is) sleeping on the couch is Charlie.

cf) 관계대명사의 구분

선행사	주격	목적격	소유격
사람	who / that	who / whom / that	whose
사물, 생물	which / that	which / that	whose / of which

● **관계부사**

- **연관된 내용의 두 문장을 한 문장으로 축약할 때, 두 문장을 하나로 연결하는 접속사 역할과 앞 문장의 명사(선행사)를 꾸며주게 된 뒷 문장에서 시간, 장소, 이유, 방법을 나타내는 부사구 역할을 동시에 하는 단어**

- when, where, why, how가 있고, 이들 대신 『전치사 + 관계대명사 which』를 써도 됨

- 선행사가 time, day, year, place, reason, way 등 일반적인 명사인 경우에는 선행사나 관계부사가 생략되어도 되고, 관계부사 대신 that을 써도 됨

- **선행사 the way와 관계부사 how는 함께 쓰지 않음**

- when과 where의 경우, 관계대명사처럼 계속적 용법도 있음

  (『, when』 = 『and then』 / 『, where』 = 『and there』)

- That's the year when[=in which, that] Bob opened the restaurant.
- Amy has her own room where[=in which] she can practice singing and dancing.
- That's the reason why[=for which, that] Amy can practice whenever she wants.
- Bob told Tom how[=the way, the way in which, the way that] he was able to get married to Kate.

● 복합관계대명사 (whoever, whomever, whatever, whichever / 관계대명사에 -ever를 붙인 형태로, 명사절 또는 부사절을 이끎)
- Whoever[=Anyone who] orders a hot dog will get another one free. (~하는 (사람은) 누구든지 / 명사절을 이끎)
- Whichever[=No matter which] you order, you will get another one free. (어떤 것을 ~하더라도 / 부사절을 이끎)

● 복합관계부사 (whenever, wherever, however / 관계부사에 -ever를 붙인 형태로, 부사절을 이끎)
- Whenever[=At any time when] Charlie wants some hot dogs, he wags his tail. (~할 때는 언제든)

- Whenever[=No matter when] you order this month, you will get another one free. (언제 ~하더라도)

- However[=No matter how] hungry you are, you won't be able to eat five hot dogs at once. (아무리 ~하더라도)

● **복합관계형용사 (whatever, whichever / 관계형용사에 –ever를 붙인 형태로, 바로 뒤의 명사를 꾸며주며, 명사절 or 부사절을 이끎)**

- Charlie will eat whatever types of food he may find if they can be chewed or swallowed. (무슨 ~든지 / 명사절을 이끎)

cf) 접속사, 관계대명사, 관계부사 등 구별법

선행사	종류	뒷 절 형태
X	접속사 that	완전(한 문장)[1]
O	동격의 that	완전
O	관계대명사	불완전(한 문장)[1]
O[2]	관계부사	완전
X	관계대명사 what[3]	불완전
X	의문대명사 what[3]	불완전

O	소유격 관계대명사	불완전
O	전치사 + 관계대명사	불완전
X	복합관계대명사	불완전
X	복합관계부사	완전
X	It that 가주어 진주어 구문	완전
X	It be that 강조 구문	완전 또는 불완전[4]

① (반드시 필요한) 주어, 동사, 목적어, 보어, 소유격이 있으면 완전한 문
장, 빠져있으면 불완전한 문장이 됨
② 선행사가 time, day, year, place, reason, way 등 일반적인 명
사인 경우에는 선행사 생략 가능
③ 해석이 약간 달라지긴 하지만, 대부분은 관계대명사인지 의문대명
사인지 구분할 필요가 없음
④ be와 that 사이에 부사(구)가 들어간 경우 뒷 절은 완전한 문장이,
주어나 목적어가 들어간 경우 불완전한 문장이 됨

예문 해석

- Bob은 그를 사랑하는 아내가 있다.
- 무대 위에서 공연하고 있는 소녀는 Amy다.

- Bob은 핫도그를 판매하는 식당을 운영한다.
- Bob은 자신이 사랑하는 아내가 있다.
- Bob은 자신이 많이 좋아하는 Charlie를 씻기고 있다.
- Bob이 함께 달리는 개는 Charlie다.
- Bob은 주 메뉴가 핫도그인 식당을 운영한다.
- 이 노래는 Amy가 가장 좋아하는 것이다.
- Charlie가 싫어하는 것은 혼자 남겨지는 것이다.
- Bob은 자신이 보통 하루에 10시간 동안 일하는 식당을 운영한다.
- Kate는 전도유망한 커리어 우먼인데 그것은 Bob을 자랑스럽게 만든다.
- Bob은 자신이 사랑하는 아내가 있다.
- 소파에서 자고 있는 개는 Charlie다.
- 그때가 Bob이 식당을 오픈한 해다.
- Amy는 노래와 춤을 연습할 수 있는 자신만의 방이 있다.
- 그것이 Amy가 자신이 원할 때는 언제든 연습할 수 있는 이유다.
- Bob은 Tom에게 자신이 어떻게 Kate와 결혼할 수 있었는지 말해주었다.
- 핫도그를 주문하는 (사람은) 누구든지 또다른 한 개를 무료로 받을 것이다.
- 네가 어떤 것을 주문하더라도 또다른 한 개를 무료로 받을 것이다.
- Charlie가 핫도그를 원할 때는 언제든 자신의 꼬리를 흔든다.
- 네가 이달에 언제 주문하더라도 또다른 한 개를 무료로 받을 것이다.
- 네가 아무리 배고프더라도 너는 한꺼번에 다섯 개의 핫도그를 먹을 수는 없을

것이다.

■ Charlie는 자신이 발견하는 무슨 형태의 음식이든지 그것들이 씹거나 삼켜질

수만 있다면 먹을 것이다.

10 명사 / 관사

● **명사**: 사람, 사물, 생물, 장소, 개념 등 모든 것의 이름을 나타내는 말. 문장에서 주어나 목적어, 보어 역할을 함. 명사 외에도 대명사, 동명사(구), to V(구), 접속사 that절, 접속사 whether/if절, who/when/how 등 의문사절, 관계대명사 what절, 복합관계대명사 whatever, whoever, whichever절 등이 명사와 같은 역할을 하며, 이것들을 명사 상당 어구라고 함. 이 중 to V(구)와 that절을 제외한 나머지는 전치사의 목적어 역할로 전치사 뒤에서 함께 쓰여 전명구[=전치사구]를 만들 수 있음

● **명사의 복수형 만드는 규칙과 예외 단어들**
  • 규칙: 단어의 어미에 −s 또는 −es 붙임

일반적인 명사	−s	girls, books, days, trees
o, s, x, sh, ch로 끝나는 명사	−es	tomatoes, buses, boxes, dishes, watches
※ 예외) pianos, photos, autos		

「자음 + y」로 끝나는 명사	y를 i로 바꾸고 −es	babies, cities, countries, ladies
f, fe로 끝나는 명사	f, fe를 v로 바꾸고 −es	knives, leaves, wolves
※ 예외) roofs, giraffes, chiefs, proofs		

- 단수 ➜ 복수 불규칙 변화하는 명사들: man ➜ men, woman ➜ women, child ➜ children, ox ➜ oxen, foot ➜ feet, tooth ➜ teeth, goose ➜ geese, mouse ➜ mice, criterion ➜ criteria, phenomenon ➜ phenomena, medium ➜ media/mediums, analysis ➜ analyses, crisis ➜ crises, fungus ➜ fungi, stimulus ➜ stimuli
- 단수형과 복수형이 같은 명사들: fish, sheep, deer, salmon, trout, series, species, corps

● 항상 단수 취급하는 명사: 학문/학과명(economics, politics), 병명 (diabetes, measles), 국가명(The United States), 하나의 단위로 취급할 때의 시간/거리/금액/중량, news

● 항상 복수 취급하는 명사: the police, the clergy, the nobility, cattle, poultry, vermin, people(단, "사람들"이 아닌

"국민, 민족"의 뜻일 때는 a people, peoples도 가능), **짝을 이루어 하나가 되는 명사들**(glasses, pants, trousers, jeans, shorts, shoes, socks, scissors, chopsticks), **상시 복수 명사들**(goods, valuables, belongings, savings)

● **복수형이 되면 의미가 달라지는 명사**: arms(무기), customs(관세. 세관), goods(상품), letters(문학), manners(예절), pains(수고), ruins(유적. 폐허)

● 셀 수 있는 명사[=가산 명사](단수는 a/an + N, 복수는 (two/three …) Ns)의 종류: ① **보통명사**(sister, angel, dog, tree, cup, book, building …) / ② **집합명사**(family, class, crowd, public, team, staff, people, audience, committee, police, cattle …)

● 셀 수 없는 명사[=불가산 명사](a/an + N이나 Ns 안 됨. the + N은 가능)의 종류: ① **고유명사**(Tom, Seoul, Korea, the Han River, Monday, English …) / ② **물질명사**(water, coffee, air, light, fire, sugar, bread, wood, stone, paper, money, baggage, furniture, clothing, merchandise, produce …) / ③ **추상명사**(love, information, courage, success, service, use, education, sleep, writing …)

● **셀 수 없는 명사의 수량 표현:** a cup of coffee, two glasses of milk, three bottles of wine, a loaf of bread, three slices of meat, a piece of cake, two sheets of paper 등으로 나타냄

● **물질명사의 보통명사화:** glass ➜ a glass(유리잔), paper ➜ the paper(신문. 논문. 서류), fire ➜ a fire(화재) 등

● **「of + 추상명사」의 형용사적 용법**
  - of great importance = greatly important(매우 중요한) / of use = useful

● **「전치사 + 추상명사」의 부사적 용법**
  - with ease = easily / in reality = really / by accident = accidentally / on purpose = purposely

● **「추상명사 + itself」 = 「all + 추상명사」 = 「very + 형용사」**
  - kindness itself = all kindness = very kind

● 관사: 명사 앞에 놓여서 뒤의 명사가 한 개인지 아닌지, 특정한 것인지 일반적인 것인지 등에 대한 정보를 제공하는 말. 정관사인 the와 부정관사인 a/an으로 나뉨

● 정관사의 용법
- 앞에서 이미 언급된 것(명사)을 다시 언급할 때
- 화자와 청자가 모두 아는 것을 언급할 때
- 세상에서 유일한 자연 사물을 언급할 때 (the earth, the sun, the moon, the sky)
- 형용사구나 형용사절의 수식을 받아 대상이 한정되거나 특정해질 때
- 『형용사의 최상급, 서수, only, same, last, next + 명사』 앞에 사용
- 특정한 종 전체에 대해 고유의 특성을 언급할 때 (the dog)
- 악기, 기계 이름 앞 (the piano, the telephone)

cf) 고유명사는 원래 앞에 부정관사를 붙이지 않고 복수형으로 쓰지 않으며 정관사는 자유롭게 붙일 수 있지만, 다음 종류의 명사 앞에는 항상 정관사를 붙임: 바다, 강, 운하, 반도, 만, 사막, 산맥, 군도, 배, 철도, 복수형 국가명, 공공 건물(단, 지명이 앞

에 붙을 때는 제외(Incheon Airport)), 신문/잡지명

● 부정관사의 용법

- 동일한 종류의 것들 중 불특정한 하나를 언급할 때
- "하나의(one)"의 뜻으로 쓰일 때
- "어떤(a certain)"의 뜻으로 쓰일 때
- "~당/~마다(per)"의 뜻으로 쓰일 때 (60km an hour, once a year)
- 특정한 종 전체에 대해 고유의 특성을 언급할 때 (a dog)

● 관사의 생략

- 건물이나 장소가 본래의 목적으로 쓰일 때 (go to bed/school/ church/prison, at school/church, in hospital)
- 『by + 교통 수단 앞』 (by bus/subway/car)
- 식사 앞 (for breakfast/lunch/dinner)
- 운동 경기 앞 (play tennis)
- 학과 이름 앞 (be good at math)
- 질병 이름 앞 (have asthma)
- 직업, 신분 앞 (professor Kim)
- 『kind of, sort of, type of』 뒤에 오는 명사 (that kind of music)

- 두 개의 명사가 대구를 이루는 표현 (day by day, hand in hand, from morning till night)

● 주의해야 할 관사의 위치

- 「what/such/quite/rather/half/many + a/an + 형용사 + 명사」 (단, 미국 영어에서는 「a/an + quite/rather/half + 형용사 + 명사」도 가능)
- 「how/so/as/too + 형용사 + a/an + 명사」
- 「all/both/half/twice/double + the + 명사」

11 대명사

● 명사를 대신해서 쓰는 말. 문장에서 주어나 목적어, 보어 역할을 함

● 인칭대명사: 사람을 대신함. 주격, 소유격, 목적격, 소유대명사, 재귀대명사 등으로 나뉨 (I, you, we, it, me, him, our, her, its, mine, yours, his, myself, itself, themselves 등)

  • 소유격 인칭대명사(my, our, their 등)는 명사를 꾸며주므로 형용사적 역할을 함

  • 재귀대명사의 용법: ① 주어와 목적어가 동일할 때 목적어를 대신함 (재귀 용법-생략 불가) / ② 주어나 목적어, 보어를 강조할 때 강조할 단어 바로 뒤나 문장 맨 뒤에 사용함 (강조 용법-생략 가능)

  cf) 재귀대명사의 관용적 표현: beside oneself(제 정신이 아닌), by oneself(혼자서. 스스로), for oneself(혼자 힘으로. 자신을 위해), in (and of) itself(그 자체로), in spite of oneself(자기도 모르게), of oneself(저절로)

  cf) 비인칭 주어 it: 명령문을 제외한 모든 영어 문장은 주어를

필요로 하므로, 시간, 날짜, 요일, 계절, 날씨, 명암, 거리 등을 나타내는 문장에서도 해석은 하지 않는 형식적인 주어 it을 사용함

● **지시대명사:** 특정한 사람이나 사물, 장소를 대신함 (this, that, these, those)

● **부정대명사:** 정해지지 않은 막연한 사람이나 사물, 수량을 대신함 (one, some, any, most, all, each, other, another, the other, both, (n)either, none, 「every/some/any/no + one/body/thing」 등). 이 중 none, 「every/some/any/no + one/body/thing」을 제외한 단어들은 명사를 꾸며주는 부정형용사로도 쓰임

cf) **부정대명사 one, another, the other(s), others, some의 구분**

2개일 때	one (하나)	the other (나머지 하나)	
3개일 때	one (하나)	another (다른 하나)	the other (나머지 하나)
3개 이상일 때	one (하나)	the others (나머지 전부)	

4개 이상일 때 ①	one (하나)	another (다른 하나)	the others (나머지 전부)
4개 이상일 때 ②	**some** (일부)	**the others** (나머지 전부)	
※ some과 the others 외에 다른 것(들)은 없다는 뜻임			
개수가 불특정할 때 ①	one (하나)	another (또다른 하나)	
※ one과 another 외에 다른 것(들)이 더 있다는 뜻임			
개수가 불특정할 때 ②	**some** (일부)	**others** (나머지 중 일부)	
※ some과 others 외에 다른 것(들)이 더 있다는 뜻임			

● **의문대명사: 의문의 대상을 나타냄** (who, whom, what, which, whose)

cf) 관계대명사: 연관된 내용의 두 문장을 한 문장으로 축약할 때, 두 문장을 하나로 연결하는 접속사 역할과 앞 문장의 명사(선행사)와 동일한 뒷 문장의 명사를 바꾸어 쓰기 위한 대명사 역할을 동시에 하는 단어로, 대명사로 분류되지는 않음 (who(m), which, that 등)

12 형용사

● 명사를 꾸며주어 명사의 상태나 성질을 보다 구체화해주는 말. 문장에서 보어나 수식어 역할을 함. 형용사 외에도 현재분사, 과거분사, 현재분사구, 과거분사구, to V구, 전명구, 관계대명사절, 관계부사절 등이 형용사와 같은 역할을 하며, 이것들을 형용사 상당어구라고 함

● (명사의 성질과 상태를 나타내는) 성상형용사(nice, big, blue 등), 수량형용사(three, second, half, many, much, enough, some, few, little, any 등), 지시형용사(this, these, that, those), 의문형용사(which, what, whose), 관계형용사(which, what), 형용사적으로 쓰이는 소유격 인칭대명사(my, your, our, their, its 등) 등이 있음

● 명사가 무엇을 가리키는지를 확실히 하기 위해 즉, 범위를 한정하기 위해 명사 앞에 쓰이는 단어들을 한정사라고 하며, 형용사의 일부로 분류됨 (관사, 수량형용사, 지시형용사, 소유격 인칭대명사, 전치 한정사(such, rather, quite) 등)

● 명사를 수식하는[=꾸며주는] 형용사나 형용사 상당어구가 한 단
어일 때는 명사를 앞에서 수식하고, 두 단어 이상일 때는 뒤에서
수식함 (단, 「-thing, -body, -one으로 끝나는 명사」를 수식하는 모든 형용
사나, 「최상급, all, every, any + 명사」를 수식하는 「-able, -ible로 끝나는
형용사」의 경우 형용사가 한 단어라도 뒤에서 수식함)

● 형용사의 역할

  • 명사를 꾸며주는 수식[=한정] 용법과 주격 보어나 목적격 보어
    로써 주어나 목적어를 보충 설명하는 서술 용법으로 나뉨

  • Tom is the present vice-president of his class. (명사 수
    식)

  • Tom is present at Amy's dancing contest. (주격 보어)

  • The first contestant of the dancing contest made Tom
    sleepy. (목적격 보어)

● 주의해야 할 형용사들

  • 수식 용법으로만 쓰이는 형용사: chief(주요한), drunken(술 취
    한), elder(손위의), former(이전의), inner(내부의), live(살아있
    는), main(주요한), mere(~에 불과한), only(유일한), outer(외부의),
    past(이전의), previous(이전의), principal(주요한), sole(유일한),

upper(더 위의), utter(완전한)

- **서술 용법으로만 쓰이는 형용사:** afraid(두려워하는), alike(비슷한), alive(살아 있는), alone(홀로), ashamed(부끄러워하는), asleep(잠든), awake(깨어 있는), aware(알고 있는), content(만족한), glad(기쁜), pleased(기쁜), sorry(미안한. 유감스러운), worth(~의 가치가 있는)

- **두 용법에서의 의미가 다른 형용사:** certain(수식-어떤. 특정한 / 서술-확신하는), late(수식-늦은. ~ 말의. 작고한 / 서술-늦은), present(수식-현재의 / 서술-참석한)

● 헷갈리는 형용사들

comparable (비교할 만한)	comparative (비교에 의한. 상대적인)	
comprehensible (이해하기 쉬운)	comprehensive (포괄적인)	
confident (자신 있는. 확신하는)	confidential (비밀의)	
considerable (상당한. 중요한)	considerate (사려 깊은)	
continual (되풀이되는)	continuous (끊임없는)	

dependable (믿을 만한)	dependent (의존하는)	
economic (경제의)	economical (경제적인. 검소한)	
extended(연장된)	extensive(포괄적인)	
historic (역사적으로 중요한)	historical (역사상 실재한)	
imaginable (상상할 수 있는)	imaginary (상상의. 가상의)	imaginative (상상력이 풍부한)
industrial(산업의)	industrious(근면한)	
intellectual (지적인. 지식인)	intelligent(총명한)	intelligible (이해하기 쉬운)
literal(글자 그대로의)	literary(문학의)	literate (읽고 쓸 줄 아는)
loyal(충직한)	royal(왕의)	
momentary(순간의)	momentous(중요한)	
opposing(대립하는)	opposite (반대의. 맞은편의)	
reliable(믿을 만한)	reliant(의존하는)	
repeated(반복적인)	repetitive(지루하게 되풀 이되는. 반복적인)	

respectable (존경할 만한)	respectful (예의 바른, 공손한)	respective (각각의)
responsible(책임이 있는. (서술)—믿을 만한)	responsive (민감하게 반응하는)	
reputable (평판이 좋은)	refutable (반박할 수 있는)	
satisfactory (만족할 만한)	satisfying (만족시키는)	
sensible(현명한)	sensitive(민감한)	sensory(감각의)
successful (성공적인)	successive (연속적인)	
terrible(끔찍한)	terrific (굉장한, 훌륭한)	

● 수와 양을 나타내는 형용사의 구분

의미	가산 명사 앞에 씀	불가산 명사 앞에 씀	둘 다 가능
많은	many	much	a lot of, lots of, plenty of
약간의, 조금 있는	a few	a little	some
거의 없는	few	little	

● not a few[=quite a few]: 꽤 많은 (수의) / not a little[=quite a little]: 꽤 많은 (양의)

● 이중 소유격: 관사(a/an, the), 지시형용사(this, these, that, those), 수량형용사(some, any, no, three 등), 의문형용사(which, what), 전치한정사(such, rather, quite) 등의 한정사와 소유격(역시 한정사에 속함)은 나란히 쓸 수 없고, 「한정사 + 명사 + of + 소유대명사」로 써야 함 (eg. a my friend (X) ➔ a friend of mine / your this picture (X) ➔ this picture of yours)

● 「the + 형용사」의 명사적 용법
  · 사람 복수 보통명사화 (the poor(가난한 사람들) / the unemployed(실업자들))
  · 사람 단수 보통명사화 (the accused(피고) / the deceased(고인))
  · 사물 단수 보통명사화 (the beautiful(아름다운 것) / the unknown (미지의 것))
  · 추상명사화 (the beautiful(미(美)) / the good(선(善))

● 형용사와 같은 역할을 하는 것들 [=형용사 상당 어구]
  · 현재분사: Bob is looking at the falling leaves

sentimentally.
- 과거분사: The excited Bob screamed watching a baseball game.
- 현재분사구: Amy loves Bob playing the guitar.
- 과거분사구: Amy knows every song played by Bob.
- to V구: Amy has a lot of songs to sing from memory.
- 전명구[=전치사구]: Kate called Tom in his room.
- 관계대명사절: Bob runs a restaurant that sells hot dogs.
- 관계부사절: Amy has her own room where she can practice singing and dancing.

예문 해석

- Tom은 자신의 학급의 현(現) 부회장이다.
- Tom은 Amy의 댄스 경연 대회에 참석해 있다.
- 댄스 경연 대회의 첫 번째 출전자는 Tom을 졸리게 만들었다.
- Bob은 떨어지는 잎들을 감상적으로 바라보고 있다.
- 흥분한 Bob은 야구 경기를 보며 소리 질렀다.
- Amy는 기타를 치는 Bob을 좋아한다.

■ Amy는 Bob에 의해 연주되는 모든 노래를 안다.

■ Amy는 기억에 의지해서[=가사를 외워서] 부를 많은 노래들이 있다.

■ Kate는 자신의 방에 있는 Tom을 불렀다.

■ Bob은 핫도그를 판매하는 식당을 운영한다.

■ Amy는 노래와 춤을 연습할 수 있는 자신만의 방이 있다.

13 부사

● 동사, 형용사, 다른 부사 또는 문장 전체를 꾸며주어 내용을 보다 구체화해주는 말. 문장에서 수식어 역할을 함. 많은 형용사에 −ly 를 붙이면 "∼한"이라는 뜻의 형용사에서 "∼하게"라는 뜻의 부사 가 됨. 부사 외에도 to V(구), 전명구, 분사구문, 부사절 등이 부사 와 같은 역할을 하며, 이것들을 부사 상당 어구라고 함

● 어떤 일이 얼마나 자주 일어나는지를 나타내는 부사를 빈도부사 라고 하며 always, usually, often, frequently, sometimes, occasionally, never 등이 있음

● 빈도부사의 어순: be V, 조동사 뒤나 일반동사 앞이 원칙이나, always, never를 제외한 빈도부사는 문장 첫머리나 끝에도 위치 함

● 부정 부사: hardly, barely, scarcely, rarely, seldom, little (단어 자체에 부정의 의미가 포함되어 있어 문장에 not이 없어도 "거의 없다", "거의 ∼않다"로 해석함)

● 의문 부사: when, where, why, how

● enough는 형용사(충분한)와 부사(충분히) 둘 다로 쓰이며, 부사로 쓰일 때는 형용사나 부사를 뒤에서 수식함 (big enough(충분히 큰))

● 형용사와 부사 형태가 같은 단어들: close, deep, early, enough, far, fast, hard, high, last, late, long, most, much, near, short, wrong

● 헷갈리는 부사들

close(가까운. 가까이)	closely(긴밀히)
deep(깊은. 깊게)	deeply(몹시)
hard(단단한. 센. 부지런한. 어려운. 단단하게. 세게. 열심히)	hardly(거의 ~ 않는)
high(높은. 높게)	highly(매우)
late(늦은. 최근의. 작고한. 늦게)	lately(최근에)
near(가까운. 가까이)	nearly(거의)
most(최고의. 가장 많은. 대부분의. 최고로. 가장 많이)	mostly(주로)
short(짧은. 짧게)	shortly(곧)

● 동사구(타동사＋부사)의 어순

- O가 대명사일 때: pick it up (O), pick up it (X)
- O가 명사일 때: pick the phone up (O), pick up the phone (O)

cf) 주요 동사구(타동사 + 부사 또는, 자동사 + 전치사): account for(설명하다. 차지하다), apply for(신청하다. ~에 지원하다), ask for(요청하다), break down(고장나다. 분해하다), break into(~에 침입하다), break out((전쟁, 질병 등이) 발생하다), break up(헤어지다. 깨지다), bring about(야기하다), bring up(기르다. (얘기를) 꺼내다), burst into(갑자기 ~하다), call for(요구하다), call off(취소하다), call on(방문하다), call up(전화하다), calm down(진정하다), carry on(계속하다), carry out(실행하다), catch up with(따라잡다), check out(확인하다), come by(들르다. 획득하다), come up with((아이디어를) 내놓다), consist in(~에 있다), consist of(~로 구성되다), deal with(다루다), dispense with(배제하다), dispose of(처리하다. 치우다), do away with(없애다), do without(~없이 지내다), drop by[=in](들르다), eat out(외식하다), end up(결국 ~하게 되다), fall apart(무너지다), fall down(넘어지다), fall off(~에서 떨어지다), figure out(이해하다), fill in[=out]((양식을) 작성하다), get along(잘 지내다), get away with((~에 대한) 처벌을 피하

다), get in((자동차, 택시 등을) 타다), get off((탈 것에서) 내리다), get on((버스, 지하철, 비행기 등을) 타다), get over(극복하다), get to(~에 도착하다), give away(공짜로 나눠주다), give off((냄새, 빛 등을) 방출하다), give out(나눠주다), give up(포기하다), go off(폭발하다. (알람이) 울리다), go over(검토하다), go through(통과하다. 겪다), go with(~와 어울리다), hand down((후세에) 전하다), hand in(제출하다), hand out(나누어 주다), hand over(넘겨주다), hang out with(~와 어울려 다니다), hang up((전화를) 끊다), hit upon((아이디어를) 생각해내다), hold on((전화를 끊지 않고) 기다리다. 버티다), keep away from(멀리하다), keep up with(따라잡다), laugh at(비웃다), lay off(해고하다), leave for(~로 떠나다), leave out(제외/생략하다), let down(실망시키다), long for(열망하다), look after(돌보다), look down on(깔보다), look for(찾다), look forward to(기대하다), look into(조사하다), look out(조심하다), look to(~에 의지하다. 살펴보다), look up(찾아보다. 검색하다), look up to(존경하다), make out(이해하다. 작성하다), make up(구성하다. 지어내다), make up for(보상하다), make up with(~와 화해하다), miss out on(놓치다), pass away(사망하다), pay off(성과를 거두다), pick up(집어 들다. 회복하다. 차에 태우다), pull over(길 가에 차를 세우다), put away(치우다), put down(내려놓다. 진압하다), put off(연기하다), put on(착용하다), put out((불을) 끄다), put up(들어 올리다. 게시하다), **put up with(참다)**, result from(~에서 기인하다), result in(~의 결과를 낳다), **rule out(배제하다)**, run away(도망치다), run for(~에 출마하다), run into(~와 우연히 만나다), run out(떨어지다. 바닥나다), **run over((차가) 치다)**, see off(배웅하다), **set off(출발하다. 시작하다)**, set out(출발하다. 착수하다), **show off(과시하다)**, **show up(나타나다)**, stand out(눈에 띄다), stay up((자지 않고) 깨어 있다), succeed in(성공하다), **succeed to(계승하다)**, take after(닮다), take off(벗다. 이륙하다. 급히 떠나다. (값을) 할인해주다. 휴가를 얻다), **take on(떠맡다)**, **take over(인수하다. (책임을) 떠맡다)**, **take up(차지하다)**, throw away(버리다), tidy up(정리하다), try on((한번) 착용해 보다), **try out(테스트해 보다. ~에 지원하다)**, turn down((소리 등을) 낮추다. 거절하다), **turn in(제출하다)**, **turn off((수도, 불, TV 등을) 끄다)**, turn on((수도, 불, TV 등을) 커다. 흥미를 갖게 하다), turn out(~로 드러나다), turn up((소리 등을) 높이다. 나타나다), use up(다 써버리다), wait for(기다리다), warm up(준비 운동을 하다), watch out(조심하다), **wear out(닳게 하다. 지치게 하다)**, work out(운동하다) **◀** 초록색은 중 2 필수 암기, 검은색은 고 1 필수 암기

14 접속사

● 단어와 단어, 구와 구, 절과 절을 연결하는 말. 문장 성분에는 포함
되지 않음

● 등위 접속사: **문법적 특성과 역할이 대등한 단어, 구, 절을 연결하
는 역할** (and, or, but, so)
cf 『명령문, and ~』("~해라. 그러면") / 『명령문, or ~』("~해라. 그렇지
않으면")

● 상관 접속사: **등위 접속사가 특정한 단어와 짝을 이뤄 쓰이는 경
우** (both A and B(A와 B 둘 다), either A or B(A와 B 둘 중 하나), neither
A nor B(A와 B 둘 다 아닌), not A but B(A가 아니라 B), not only A but
(also) B(A뿐만 아니라 B도 [=B as well as A]))

● 종속 접속사: **명사절이나 부사절 등의 종속절을 주절에 연결하는
역할**
  • **명사절을 이끄는 접속사**
    ① **that**(~라는 것. ~라고)

② **whether/if**(~인지 (아닌지))

③ **의문사** what, who(m), when, where, why, how(『(무엇이/
무엇을/누가/누구를/언제/어디서/어디에/어디로/왜/어떻게/얼마나)
~(했는지/하는지/할지)』 등으로 해석)

- **부사절을 이끄는 접속사**

① 시간(when(~할 때), as(~할 때, ~함에 따라), while(~하는 동안),
until(~할 때까지), before(~하기 전에), after(~한 후에), since(~한
이래로), the moment(~하는 순간에), (the) next time(다음에 ~할
때), by the time(~할 때까지), as soon as(~하자마자), no sooner A
than B(A하자마자 B하는))

② 이유(because(~하기 때문에), as(~하기 때문에), since(~하기 때문
에), for(~하기 때문에), now that(~하기 때문에), in that(~라는 점에
서), seeing that(~라는 것을 보아), on the ground that(~라는 근거
에서), inasmuch as(~하기 때문에))

③ 조건(if(만약 ~한다면), unless(만약 ~하지 않는다면), once(일단
~하면), in case(만약 ~하는 경우에는), if only(만약 ~하기만 한
다면), only if(~하는 경우에만), as long as(~하는 한), provided/
providing/suppose/supposing (that)(만약 ~한다면), on
condition (that)(~한다는 조건하에))

④ 양보((al)though(~함에도 불구하고), even though/if(~함에도 불구하고), if(~함에도 불구하고), notwithstanding(~함에도 불구하고), whether A or B(A이든 B이든), no matter + 의문사(~하더라도))

⑤ 대조(while(~하는 반면), whereas(~하는 반면))

⑥ 결과 · 정도(as(~하는 만큼), so + (형/부) + that ~(너무 (형/부)해서 ~하다.), such + a/an + (형) + (명사) + that ~(너무 (형)한 (명사)여서 ~하다.))

⑦ 목적(so (that) ~(~하도록), in order (that) ~(~하기 위해서), for fear (that) ~(~하지 않도록))

⑧ 방법(as(~하듯이, ~하는 대로), just as(~하는 것과 마찬가지로), as if/though(마치 ~인 것처럼), according as(~하는 것에 따라서))

• 시간, 조건을 나타내는 부사절에서는 현재 시제가 미래를 대신함 (when/if you will 동원 (X) ➜ when/if you 동원 (O))

• 『so + (형/부) + that S can ~』: 너무 (형/부)해서 ~할 수 있다. [=(형/부) + enough to V]

• 『so + (형/부) + that S can't ~』: 너무 (형/부)해서 ~할 수 없다. [=too + (형/부) + to V]

• 『so (that) ~』: ~하도록 [=~하기 위해서] ◀ that절에 주로

can, could, may, might, will, would 등의 조동사가 있음

· 『so (that) ~』: 그래서 ~하다.

· 『(형/부/명) + as S V』 = 『As + (형/부/명) + as S V』 = 『Though S V + (형/부/명)』: 비록 S가 (형/부/명)하긴/이긴 하지만,

cf) 접속부사[=연결사]

· 부사의 일종으로, 문장과 문장을 부드럽게 연결하는 말

· therefore, thus, hence, then, however, though, nevertheless, nonetheless, moreover, furthermore, besides, instead 등

15 전치사

● 명사나 명사 상당 어구 앞에 놓여 시간, 장소, 방향, 수단, 이유, 목적 등을 자세히 나타내는 말. 문장에서 명사나 명사 상당 어구와 결합해 형용사구, 부사구 등의 수식어 역할을 함 (이때 뒤에 위치한 명사나 명사 상당 어구를 전치사의 목적어라고 함)

● 전명구("전치사 + (형용사(관사, 소유격 포함)) + 명사,의 형태로, "전치사구"라고도 함)의 역할
  • 형용사구: Kate called Tom in his room.
  • 부사구: Kate called Tom studying in his room.

● 헷갈리는 전치사들
  • 시간 앞: at(at 7 O'clock, at noon/night, at Christmas(크리스마스 시즌에)), on(on Sunday (morning), on the 4th of July, on the morning of May 1, on Christmas Day(크리스마스날에)), in(in 2021, in summer, in March, in the future, in the morning/afternoon/evening)

- 시간 앞: until(~까지 (상태의 지속)), by(~까지 (동작, 상태의 완료 기한))

- 시간 앞: for(~동안 (for two days 등 숫자로 된 기간 앞)), during(~동안 (during summer vacation 등 숫자가 아닌 기간 앞)), through(~동안 내내)

- 시간 앞: in(~ 후에), within(~ 안에)

- 장소 앞: at(at party, at home, at the airport, at the station, at the hotel, at the corner, at the traffic light, at school), in(in the world, in Korea, in Seoul, in a village, in the sky)

  ← 같은 장소라도 화자가 그 장소를 지점(point)의 의미로 사용하면 at을, 지역(area)의 의미로 사용하면 in을 씀. 즉, 같은 단어라도 쓰이는 상황에 따라 전치사가 달라짐

- 장소·사람·사물 앞: on((접촉해서) ~ 위에), beneath((접촉해서) ~ 아래에), over((떨어져서) ~ 위에/위로), under((떨어져서) ~ 아래에/아래로), above(~보다 위에), below(~보다 아래에), up(~ 위로), down(~ 아래로)

- 장소·사람·사물 앞: between(둘 사이에), among(셋 이상 사이에)

- 장소·방향 앞: across(~를 가로질러, ~ 전역에 걸쳐), across from(~의 맞은편에), along(~를 따라), through(~를 관통하여)

● 여러 의미를 지닌 전치사들

단어	의미	단어	의미
about	~에 대해 / ~ 주위에 / 여기저기로 / 대략	across	~를 가로질러 / ~에 걸쳐서
ahead of	(시간, 장소) ~의 앞에	along	~를 따라서 / [부사] 계속 / ~와 함께
around	~ 주위로 / 여기저기로 / ~를 돈 곳에 / ~를 피해 / 대략	at	(시간) ~에 / (장소) ~에 / ~를 향해 / ~ 때문에
behind	(시간) ~보다 늦게 / (장소) ~ 뒤에 / ~보다 뒤져서 / ~를 지지하여	by	(수단, 기준, 행위자) ~에 의해 / ~의 옆에 / ~ 옆으로 / (시간) ~까지 / ~ 만큼
for	~를 위해 / ~를 향해 / ~ 동안 / ~ 때문에	from	(시간, 공간, 수치, 유래) ~로부터 / ~ 때문에
in	(시간) ~에 / ~후에 / (장소) ~(안)에 / ~ 동안 / ~를 착용한 / ~ 중 / ~의 목적으로 / (수단) ~로	of	(소유) ~의 / ~라는 / (유래) ~로부터 / ~ 중 / ~에 대해 / ~한 성질을 지닌

on	(시간) ~에 / (장소) ~(의 표면 위)에 / ~에 대해 / 용무로 / ~하자마자	out of	~ 밖에서 / ~ 밖으로 / ~가 떨어져서 / (유래) ~로부터의 / ~ 중의
over	(떨어져서) ~ 위에 / ~ 위로 / ~를 덮어서 / ~ 전체에 / ~ 건너편에 / ~ 이상의 / ~에 대해 / [부사] 지나치게 / [형용사] 끝난	since	~ 이래로 / [접속사] ~한 이래로 / ~하기 때문에
through	(시간) ~ 동안 내내 / (장소) ~를 통과해 / 샅샅이 / ~를 끝내고 / (수단) ~를 통해	throughout	(시간) ~ 동안 내내 / (장소) 두루두루 / [부사] 전부
to	(시간, 장소, 수치) ~로 / ~에게 / ~까지 / ~에 맞추어 / ~ 대비	with	~와 / ~와 함께 / ~를 가지고 / ~ 때문에

cf) 부사적 대격: 시간, 방법, 거리 등을 나타내는 명사 앞에 this, that, last, next, all, each, every, another, one 등이 있으면 전치사 at, on, in을 생략 가능함 ((on) next Sunday, (in) this way …)

cf) 형용사적 대격: 나이, 크기, 모양, 색깔, 가격 등을 나타내는 명사 앞에서는 전치사 of, in을 생략 가능함 (We are (of) the same age., South Korea is (of) the size of Kentucky., The building is (in) the shape of a book. …)

cf) 헷갈리는 접전부

접속사	전치사	(접속)부사
though, although, even though, even if, notwithstanding that (～함에도 불구하고)	despite, in spite of, notwithstanding (～에도 불구하고)	though, nevertheless, nonetheless, notwithstanding (그럼에도 불구하고)
because, for, as, since, now that, inasmuch as (～하기 때문에)	because of, for, due to, owing to, on account of (～ 때문에)	
while (～하는 동안)	for, during (～ 동안)	
in case (～하는 경우에)	in case of (～의 경우에)	
according as (～하는 것에 따라서)	according to (～에 따르면, ～에 따라서)	

but (그러나, ~ 하는 것 외에는)	but (~를 제외하고는)	but (단지)
yet (그러나)		yet ((부정문에서) 아직, (의문문에서) 벌써, (긍정문에서) 이제부터)
However (어떤 식으로든지)		However (그러나, 아무리 ~하더라도)

● before, after, until, since, for, as는 접속사와 전치사 둘 다로 쓰임

예문 해석

▪ Kate는 자신의 방에 있는 Tom을 불렀다.

▪ Kate는 자신의 방에서 공부하는 Tom을 불렀다.

16 비교 구문

● 형용사나 부사 뒤에 접미사 『-er (than)』, 『(the) -est』를 붙이거나, 앞에 『more - (than)』, 『(the) most -』를 붙여 비교급("더 ~한 / 더 ~하게") 또는 최상급("가장 ~한 / 가장 ~하게")을 나타냄 ← -ful, -ous, -ive, -ing, -ed, -ly 등의 접미사가 붙은 2음절 단어나, 3음절 이상의 단어에 more, most 사용

cf) 원급-비교급-최상급 불규칙 변화 단어들

원급	비교급	최상급
good(좋은) / well(건강한, 잘)	better	best
bad(나쁜) / ill(아픈)	worse	worst
many((수가) 많은) / much((양이) 많은)	more	most
little(양이 적은)	less	least
far	farther ((거리가) 더 먼)	farthest
	further ((정도가) 더 ~한)	furthest

old	older(나이가 더 많은)	oldest
	elder(손위의)	eldest
late	later ((시간이) 더 늦은)	latest
	latter ((순서가) 더 늦은)	last

🔘 superior, inferior, junior, senior, prior 등 라틴어에서 유래한 일부 형용사는 비교급에서 than 대신 to를 씀

🔘 **주요 원급 표현**
- 「as + (형/부) + as A」: A만큼 (형/부)한
- 「not + as[=so] + (형/부) + as A」: A만큼 (형/부)하지 않은
- 「as[=so] long[=far] as A」: A하는 한
- 「as soon as A」: A하자마자
- 「배수사(twice, half …) + as + (형/부) + as A」= 「배수사 + 비교급 than A」: A보다 몇 배만큼 더 (형/부)한
- 「may as well A as B」: B하느니 차라리 A하는 게 낫다.
- 「not so much A as B」= 「B rather than A」: A라기보다는 B한 [=B만큼 A하지는 않은]

- 「as + (형/부) + as possible」 = 「as + (형/부) + as + 주어 + can」: 가능한 한 (형/부)한/하게
- 「no + 명사 + as[=so] + (형/부) + as A」: 어떤 (명사)도 A만큼 (형/부)하지 않은

● 주요 비교급 표현

- 「less + (형/부) + than A」: A보다 덜 (형/부)한
- 「the + 비교급 A, the + 비교급 B」: A하면 할수록 더 B하다
- 「비교급 + and + 비교급」: 점점 더 ~한/하게
- 「no more than A」: 단지 A밖에 [=only]
- 「no less than A」: A만큼이나 많이 [=as many/much as]
- 「not more than A」: 많아야 A만큼 [=at most]
- 「not less than A」: 적어도 A만큼 [=at least]
- 「nothing more than A」: 단지 A인
- 「nothing less than A」: 적어도 A인
- 「no more A than B」: B보다 더 A하지는 않은
- 「A is no more B than C is (B)」 = 「A is not B any more than C is (B)」: A는 C가 B인 것보다 더 B가 아니다. ➜ A가 B가 아닌 것은 C가 B가 아닌 것과 같다.
- 「no less A than B」: B보다 덜 A하지는 않은

- 「no sooner A than B」: A하자마자 B하는

- 「no better than A」: A와 다름없는

- 「no later than A」: 늦어도 A(특정 시간)까지는

- 「no + 명사 + 비교급 + than A」: 어떤 (명사)도 A보다 더 (형/부) 하지 않은

- 「none other than A」: 다름 아닌 A

- 「S + V + O, much[=still] more + N」: S는, N은 말할 것도 없고, O도 V하다. (긍정문에서)

- 「S + V + O, much[=still] less + N」: S는, N은 말할 것도 없고, O도 V하지 않다. (don't, can't 등 부정문에서)

- 「비교급 + than any other + 단수 명사」 = 「비교급 + than all the other + 복수 명사」: 다른 어떤 (명사)보다도 더 ~한

  cf) 비교급 강조 어휘("훨씬"): much, even, still, far, a lot 등을 비교급 앞에 씀 (very는 안 됨) ← 암기법: MESFA

● **주요 최상급 표현**

- 「one of the + 최상급 + 복수 명사」: 가장 ~한 (명사) 중 하나

- 「the + 최상급 + (that) + 주어 + have ever p.p.」: 지금까지 ~한 것 중 가장 ~한

- 「the + 서수 + 최상급」: ~번째로 가장 ~한

- 『the + 최상급 + but one』 = 『the second + 최상급』: 두 번째로 ～한

- 『make the most[=best] of ～』: ～를 최대한 이용하다.

- 『at (the) most』: 많아야. 기껏해야

- 『at (the) best』: 고작. 기껏해야

- 『at (the) least』: 적어도

- 『at the earliest』: 빨라도

- 『at the latest』: 늦어도

  cf) 최상급 강조 어휘("단연코", "월등히"): 『quite[=much, by far] + the + 최상급』, 『the + very + 최상급』, 『the + 최상급 + ever』

17 가정법

● 과거에 이미 일어난 일을 사실과 다르게 가정하거나 미래에 일어
날 일을 가정하여 표현하는 문장 형태

● 가정법 과거 (현재 사실 반대 가정):
  • If + (주어) + 동사 과거형※, (주어) + would + 동원 (만약 ~한다
    면 ~할 텐데.) ← 내용에 따라 would 대신 could, might도 사용
    가능
    ※ be V의 경우 인칭과 수에 관계없이 were를 쓰는 것이 원칙
    이나, 구어체에서는 was를 쓰기도 함

● 가정법 과거완료 (과거 사실 반대 가정):
  • If + (주어) + had p.p., (주어) + would have p.p. (만약 ~했다면 ~
    했을 텐데.)

● 혼합 가정법:
  • If + (주어) + had p.p., (주어) + would + 동원 (만약 (과거에) ~했
    다면 (지금) ~할 텐데.)

● **실현 가능성이 거의 없는 미래 가정:** If + (주어) + **were to** + 동원

~, (주어) + would + 동원

● **실현 가능성이 다소 있는 미래 가정:** If + (주어) + **should** + 동원

~, (주절의 동사 형태는 자유로움)

● I wish + (주어) + 동사 과거형: ~라면/한다면 좋을 텐데.

● I wish + (주어) + had p.p.: ~였/했다면 좋을 텐데.

● as if[=though] + (주어) + 동사 과거형: 마치 ~인/하는 것처럼

● as if[=though] + (주어) + had p.p.: 마치 ~였/했던 것처럼

● It's (high) time + (주어) + 동사 과거형: 이제 ~해야 할 시간이다.

● Without[=But for] ~, (주어) + would + 동원: 만약 ~가 없다면
~할 텐데. [=If it were not for ~, =Were it not for ~.]

● Without[=But for] ~, (주어) + would have p.p.: 만약 ~가 없

었다면 ~했을 텐데. [=If it had not been for ~, =Had it not
been for ~.]

● **가정법 도치** (if 생략 후 주어와 be V/조동사 도치)

- If I were rich, ~ ➜ **Were I rich,** ~
- If I had known you, ~ ➜ **Had I known you,** ~
- If you should have any question, ~ ➜ **Should you have
any question,** ~

예문 해석

■ 만약 내가 부자라면, ~

■ 만약 내가 너를 알았다면, ~

■ 만약 네가 어떤 질문이 있다면, ~

18 일치

● 영문법에서의 일치에는 『수 일치』와 『시제 일치』가 있음

● 영어에서 수(數)는 단수, 복수 두가지로 구분되고, 특정 형용사의
  경우 이의 꾸밈을 받는 (대)명사의 수를 구분해서 써야 하며, 주어
  역할을 하는 (대)명사와 주어 술어 관계에 있는 동사의 수도 이에
  일치되게 써야 함

● 형용사에 따른 명사 & 동사의 수 일치

  · one, each, every, another, (n)either + 단수 명사 + 단수
    동사 (단, 『every/another + 수사』는 뒤에 복수 명사를 써야 함 (every/
    another three days))

  · other + 복수 명사 + 복수 동사 / + 불가산 명사 + 단수 동사

  · no, any, some, the + other + 단명 + 단동 / + 복명 + 복동 /
    + 불가산 + 단동

  · many, (a) few, fewer, both, several + 복명 + 복동

  · much, (a) little, less + 불가산 + 단동

  · all, more, most, half + 복명 + 복동 / + 불가산 + 단동

- no, any, some + 단명 + 단동 / + 복명 + 복동 / + 불가산 + 단동

● (대)명사 + of에 따른 (대)명사 & 동사의 수 **일치**

- one, each, every one + of + 복명 + 단동
- all, any, most, some, part, half, the rest, the majority, 분수, 퍼센트(%), a lot, lots, plenty + of + 단명 + 단동 / + 복명 + 복동 / + 불가산 + 단동
- many, (a) few, both, several + of + 복명 + 복동
- much, (a) little + of + 불가산 + 단동
- (n)either + of + 복명 + 단동/복동 둘 다 ok
- none + of + 복명 + 단동/복동 둘 다 ok / + 불가산 + 단동
- the number + of + 복명 + 단동
- a + number, couple, variety, range, majority + of + 복명 + 복동
- a/an + pair, array, total, team, bunch + of + 복명 + 단동
- a kind of + 단명 + 단동
- kinds of + 복명 + 복동 / + 불가산 + 복동
- a + large amount, great deal + of + 불가산 + 단동
- a + group, series + of + 복명 + 단동/복동 둘 다 ok (복수 명

사를 한 덩어리로 볼 때는 단동, 명사 하나하나를 개별적으로 볼 때는 복동)

● 대명사**에 따른** 동사의 수 **일치**

- every, no, any, some + body, one, thing + 단동
- all, any, most, some, none, (n)either + 단동/복동 둘다 ok
- one, each, another + 단동
- many, few, both, several + 복동

● 접속사**에 따른** 동사의 수 **일치**

- A and B, both A and B + 복동 (단, each/every/no A and B + 단동)
- A or B, (n)either A (n)or B, not A but B, not only A but (also) B, B as well as A, B rather than A, B along with A: B에 동사의 수 일치

cf) 다음 주어들은 단수 동사를 취함

- 학문/학과명, 병명, 국가명 (Economics is ~.)
- 시간, 거리, 금액, 중량 등을 나타내는 복수 명사 (Three dollars is ~.)
- 동명사구, to V구, 명사절 (Eating barbecue is ~.)

– 단, 주격 관계대명사가 이끄는 절의 동사는 선행사에 수를 일
치시킴 (People who are ~.)

● 시제 일치의 원칙

* 주절의 시제가 현재일 때, 종속절에는 모든 시제를 쓸 수 있음
* 주절의 시제가 과거일 때, 종속절에는 과거 또는 과거완료시제
만 쓸 수 있음
* 주절의 시제가 현재 ➜ 과거로 바뀌면, 종속절의 시제는 다음과
같이 바뀜: 현재 ➜ 과거, 조동사의 현재형 ➜ 조동사의 과거형,
과거 ➜ 과거완료(단, 주절과 종속절의 문맥상 선후 관계가 확실할 때는
과거시제도 가능함), 현재완료 ➜ 과거완료

● 시제 일치의 예외

* 종속절이 반복되는 일이나 일반적인 진리를 나타낼 때, 주절의
시제와 관계없이 항상 현재시제를 씀
* 종속절이 역사적 사실을 나타낼 때, 주절의 시제와 관계없이
항상 과거시제를 씀
* 직업, 상태, 성질 등 종속절의 내용이 현재에도 지속될 때, 주절
이 과거시제라도 현재시제도 쓸 수 있음

• 주절이 미래시제라도, 시간, 조건을 나타내는 접속사가 이끄는
  종속절에서는 현재시제가 미래를 대신함

19 특수 구문(도치, 강조, 생략, 동격, 삽입)

● 도치

- 강조하고 싶은 내용(부정어구, 부사구, 주격 보어 등)을 문장의 맨 앞으로 보내고, 일반적인 문장 형태가 아님을 두드러지게 하기 위해 주어와 동사의 순서도 바꾼, 즉, 도치한 문장 형태

- 부정어구 도치
  - only + 구/절, no, not, never, few, little, seldom, hardly, rarely, scarcely, no longer, not until, no sooner A than B, hardly[=scarcely] A when[=before] B, not only A but also B 등의 부정어구가 문장 맨 앞에 오면 S와 V 순서가 도치됨

    ① 주 + 동 ➜ 부정 + 조동사(do/does/did) + 주 + 동원

    (Hardly does Tom fail to get an A in Math exams.)

    ② 주 + be V ➜ 부정 + be V + 주

    ③ 주 + be p.p. ➜ 부정 + be V + 주 + p.p.

    ④ 주 + be V + V-ing ➜ 부정 + be V + 주 + V-ing

    ⑤ 주 + 조 + 동 ➜ 부정 + 조(can, will, must 등) + 주 + 동

⑥ 주 + 조 + be V ➔ 부정 + 조(can, will, must 등) + 주 + be V

⑦ 주 + have p.p. ➔ 부정 + have + 주 + p.p. (Rarely has Charlie had a better meal.)

⑧ 주 + 조 + have p.p. ➔ 부정 + 조(must, may, should 등) + 주 + have p.p.

cf) 복잡한 부정어구 도치 구문의 예문

① Only when Charlie had finished his meal did he feel calm.

② Not until Bob saw Kate's high school report card did he realize how smart she was.

③ No sooner had Bob placed Charlie's food tray on the floor than he finished his meal.

= Hardly[=Scarcely] had Bob placed Charlie's food tray on the floor when[=before] he finished his meal.

④ Not only did Bob forget their wedding anniversary but he (also) forgot Kate's birthday.

- 부사구 도치
  - (주로 전명구 형태의) 부사구가 문장 맨 앞에 오면 S와 V 순서가 도치됨
    ① 주 + 동 ➜ 부사 + 동 + 주 (단, 주어가 대명사인 경우 『부사 + 주 + 동』) (On the couch was Charlie. / On the couch he was.) ⬅ 부정어구 도치 ①과 어순이 다름에 주의할 것
    ② 주 + be p.p. ➜ 부사 + be p.p. + 주
    ③ 주 + be V + V-ing ➜ 부사 + be V + V-ing + 주 (On the couch was lying Charlie.)
    ④ 주 + 조 + 동 ➜ 부사 + 조(can, will, must 등) + 주 + 동
    ⑤ 주 + 조 + be V ➜ 부사 + 조(can, will, must 등) + 주 + be V
    ⑥ 주 + have p.p. ➜ 부사 + have + 주 + p.p.
    ⑦ 주 + 조 + have p.p. ➜ 부사 + 조(must, may, should 등) + 주 + have p.p.

- 주격 보어 도치
  - 주 + 동 + 보 ➜ 보어 + 동 + 주 (단, 주어가 대명사인 경우 『보어 + 주 + 동』) (So hungry was Charlie. / So hungry he was.)

● It (be) that 강조 구문

- · It is/was와 that/who(m)/which/when/where 사이에 강
  조하려는 어구를 둠. 주어, 목적어, 부사(구/절)를 강조하기 위
  함. 이때 강조되는 어구의 문장 성분이 무엇이든 뒤의 **that** 등
  은 생략 가능
- · Amy will sing a BTS's song at her parents' 20th
  wedding anniversary.

  ➜ It is Amy that[=who] will sing a BTS's song at her
     parents' 20th wedding anniversary. (S 강조)

  ➜ It is a BTS's song that Amy will sing at her parents'
     20th wedding anniversary. (O 강조)

  ➜ It is at her parents' 20th wedding anniversary that
     Amy will sing a BTS's song. (부사구 강조)

● 동사 강조

- · 조동사 do/does/did를 동사 앞에 삽입하며, 이때 do는 "정
  말"이라는 뜻을 지님
- · Bob does love Charlie.

● 생략

- Charlie believes (that) he has a right to eat whatever is in the house. (목적어절을 이끄는 접속사 that 생략 가능)

- Bob is washing Charlie (which[=that]) he likes a lot. (목적격 관계대명사 생략 가능)

- The dog (which[=that] is) sleeping on the couch is Charlie. (『주격 관계대명사 + be V』 생략 가능)

- That's (the time) (when[=at which]) Bob opened the restaurant. (선행사가 time, day, year, place, reason, way 등 일반적인 명사일 때 선행사 또는 관계부사 생략 가능)

- Though (he was) sick, Tom stayed up late studying. (주절과 부사절의 주어가 같을 때 접속사 when, while, as, if, though 등이 이끄는 부사절에서 『주어 + be V』 생략 가능. 단, 대명사가 주어일 때만)

- Charlie seems (to be) happy. (2형식 동사 seem, appear 뒤에서 to be 생략 가능)

● 동격

- **,(콤마), of, that 뒤의 내용이 앞의 단어를 보충 설명하는 형태**

- Charlie, Bob's dog, likes to eat his hot dog. (동격의 (콤마))

- Bob is always surprised at Charlie's ability of eating a

hot dog so fast. (동격의 of)

- Kate is satisfied with the fact that both Amy and Tom are good at what they like. (동격의 that – that 바로 앞에 fact, news, idea, opinion, rumor 등이 들어감)

● **삽입**

- **구나 절의 형태로 문장 안에 독립적으로 삽입되며, 문장 구조 파악과 해석에 혼동을 줄 수 있음**
- if any(설사 있다 하더라도), if ever(설사 ~한다 하더라도)
- it seems(보기에)
- S + think/believe/suppose/suggest (S가 ~하기에) ← 주로 관계사 바로 뒤에 생각, 제안에 관련된 짧은 문장이 삽입됨
- Amy is a girl who he thinks is the prettiest girl in the world.

예문 해석

■ Tom은 수학 시험에서 A를 받는 데 거의 실패하지 않는다.

■ Charlie는 더 좋은 음식을 먹은 적이 거의 없다.

■ Charlie는 단지 식사를 끝냈을 때에야 차분해졌다.

■ Bob은 Kate의 고교 성적표를 보고 나서야 그녀가 얼마나 똑똑한지 깨달았다.

■ Bob이 마루에 Charlie의 밥 그릇을 놓자마자 Charlie는 자신의 식사를 끝냈다.

■ Bob은 그들의 결혼 기념일을 잊어버렸을 뿐 아니라 Kate의 생일도 잊어버렸다.

■ Charlie가 소파 위에 있었다.

■ 그가 소파 위에 있었다.

■ Charlie가 소파 위에 누워 있었다.

■ Charlie는 너무 배가 고팠다.

■ 그는 너무 배가 고팠다.

■ Amy는 부모님의 결혼 20주년 기념 행사에서 BTS의 노래를 부를 것이다.

■ 부모님의 결혼 20주년 기념 행사에서 BTS의 노래를 부를 사람은 바로 Amy다.

■ Amy가 부모님의 결혼 20주년 기념 행사에서 부를 것은 바로 BTS의 노래다.

■ Amy가 BTS의 노래를 부를 곳은 바로 부모님의 결혼 20주년 기념 행사다.

■ Bob은 Charlie를 정말 사랑한다.

■ Charlie는 자신이 그 집에 있는 무엇이든지 먹을 권리가 있다고 믿는다.

■ Bob은 자신이 많이 좋아하는 Charlie를 씻기고 있다.

■ 소파에서 자고 있는 개는 Charlie다.

■ 그때가 Bob이 식당을 오픈한 때다.

- 비록 (그는) 몸이 아팠지만 Tom은 밤 늦게까지 공부를 하며 깨어 있었다.

- Charlie는 행복해 보인다.

- Bob의 반려견인 Charlie는 그의 핫도그를 먹는 것을 좋아한다.

- Bob은 핫도그를 정말 빨리 먹는 Charlie의 능력에 항상 놀란다.

- Kate는 Amy와 Tom 둘 다 그들이 좋아하는 것을 잘한다는 사실에 만족한다.

- Amy는 그가 생각하기에 세상에서 가장 예쁜 소녀다.

지은이 홍성균

- 토익 만점 홍선생 영어 원장
- 2019년, TOEIC 만점 기록
- 한양대 영어영문학과 졸업

손 안에 쏙 고등 영문법

1판 1쇄 인쇄 2021년 9월 10일
1판 1쇄 발행 2021년 9월 27일

지은이 홍성균

펴낸이 최준석
펴낸곳 푸른나무출판 주식회사
주소 경기도 고양시 일산서구 강선로 49. 404호
전화 031-927-9279 팩스 02-2179-8103
출판신고번호 제2019-000061호 신고일자 2004년 4월 21일
인쇄·제작 한영문화사

ISBN 978-89-92008-93-8 (50740)